西江韓国語1B

文法・単語参考書

문법·단어 참고서

STUDENT'S BOOK
1B
文法・単語参考書

주소	서울시 마포구 백범로 35 서강대학교 한국어교육원
Tel	(82-2) 713-8005
Fax	(82-2) 701-6692
e-mail	sogangkorean@sogang.ac.kr

서강대학교 한국어교육원	서강한국어 교사 사이트	여름 특별과정(7-8월)
http://klec.sogang.ac.kr	http://koreanteachers.org	http://koreanimmersion.org

K.L.E.C	Sogang Korean Teachers	S.K.I.P

출판·판매·유통

초판 발행	2024년 8월 30일
펴낸이	박영호
펴낸곳	(주)도서출판 하우
주소	서울시 중랑구 망우로68길 48
Tel	(82-2) 922-7090
홈페이지	http://www.hawoo.co.kr
등록번호	제2016-000017호

Fax	(82-2) 922-7092
e-mail	hawoo@hawoo.co.kr

Contents

目標文法とプラス語彙

-(으)ㄹ 수 있어요/없어요
-아/어야 해요
-아/어요 (형용사)

-(으)ㄹ 수 있어요/없어요 : ～することができます/～することができません

例 A: 토요일에 미나 씨하고 한강공원에 갈 거예요. **같이 갈 수 있어요?** (土曜日に
ミナさんと漢江公園に行く予定です。一緒に行けますか？)

B: 네, 좋아요. 같이 가요. (はい、いいですよ。一緒に行きましょう。)

意味

• '-(으)ㄹ 수 있어요'は何かをすることができること、素質や才能、能力があること、可能性があることや許可されていることを表す。'-(으)ㄹ 수 없어요'は'-(으)ㄹ 수 있어요'の否定形。

形態

• '-(으)ㄹ 수 있어요/없어요'は動詞と一緒に用いられる。
• 動詞の語幹にパッチムがない場合は、'-ㄹ 수 있어요/없어요'をつけ、動詞の語幹にパッチムがある場合は、'-을 수 있어요/없어요' をつける。

가다 : 가 -ㄹ 수 있어요/없어요 → 갈 수 있어요/없어요
　　　　　　　　　　　　　(行くことができます/行くことができません)

먹다 : 먹 -을 수 있어요/없어요 → 먹을 수 있어요/없어요
　　　　　　　　　　　　　(食べることができます/食べることができません)

例 ① 영어를 **할 수 있어요.** (英語を話すことができます。)
　　② 오늘 **갈 수 있어요.** (今日行くことができます。)
　　③ 오늘 같이 **공부할 수 없어요.** (今日一緒に勉強することができません。)

> ① ㄷ不規則動詞
> 　動詞の語幹のパッチムが'ㄷ'の場合、パッチム'ㄷ'を'ㄹ'に変え、'-을 수 있어요/없어요'をつける。
>
> 　듣다 : 들 -을 수 있어요 → 들을 수 있어요/없어요

② ㄹ不規則動詞

動詞の語幹のパッチムが'ㄹ'の場合、パッチム'ㄹ'を取り、'-ㄹ 수 있어요/없어요'をつける。

만들다 : 만드 -ㄹ 수 있어요 → 만들 수 있어요/없어요

-아/어야 해요 : ～しなければなりません、～しなければいけません

例　A: 정말요? 요즘 바빠요? (本当ですか？最近忙しいですか？)
　　B: 네, 프로젝트가 있어요. 그래서 서류를 **만들어야 해요**. (はい、プロジェクトがあります。だから、書類を作らなければなりません。)

意味
・'-아/어야 해요'は義務を表す表現。

形態
・'-아/어야 해요'は動詞や形容詞、'-이다/아니다', '있다/없다'と一緒に使われる。語幹の最後の母音が陽母音(ㅏ, ㅗ)で終わる場合は、'-아야 해요'がつき、語幹の最後の母音が陰母音(ㅏ, ㅗ以外)で終わる場合は、'-어야 해요'がつく。'-하다'は、'-해야 해요'になる。

가다 : 가 　-아야 해요 → 가야 해요

먹다 : 먹 　-어야 해요 → 먹어야 해요

친절하다 → 친절해야 해요

・簡単に言えば、動詞・形容詞の「ヘヨ体(西江日本語1A 3課を参照)」から'요'を取り、'야 해요'をつければよい。(가다 : ヘヨ体 가요 → 가요 + -야 해요 → 가야 해요)

例　① 집에 **가야 해요**. (家に帰らなければなりません。)
　　② 밥을 **먹어야 해요**. (ご飯を食べなければなりません。)
　　③ 선생님은 **친절해야 해요**. (先生は親切でなければなりません。)

① ㄷ不規則動詞

動詞の語幹のパッチムが'ㄷ'の場合、パッチム'ㄷ'を'ㄹ'に変え、'-어야 해요'をつける。

듣다 : 듣 -어야 해요 → 들 -어야 해요 → 들어야 해요

② 으不規則動詞/形容詞

　動詞と形容詞の語幹の最後の母音が'으'の場合、語幹の'으'を取り、'-어야 해요'をつける。

　쓰다 : 쓰 -어야 해요 → ㅆ -어야 해요 → 써야 해요

③ ㅂ不規則形容詞

　形容詞の語幹のパッチムが'ㅂ'の場合、パッチム'ㅂ'を'우'に変え、'-어야 해요'をつける。

　쉽다 : 쉽 -어야 해요 → 쉬우 -어야 해요 → 쉬워야 해요

-아/어요(형용사) : 形容詞

例 A: 가격이 어때요? (価格はどうですか？)
　 B: 좀 **비싸요**. 하지만 학교가 아주 **가까워요**. 그래서 아침에 늦게까지 잘 수 있어요. 진짜 **편해요**. (少し高いです。でも、学校がとても近いです。だから、朝遅くまで寝られます。本当に楽です。)

意味
・形容詞は事物の状態や属性を説明したり描写したりするときに用いる。

形態
・形容詞は動詞と同じように活用する。

例 ① **아름다워요**. (きれいです。)
　 ② **작아요**. (小さいです)
　 ③ **재미있어요**. (面白いです。)

	現在形
좋다 (良い)	좋아요
크다 (大きい)	커요
많다 (多い)	많아요
싸다 (安い)	싸요
높다 (高い)	높아요
길다 (長い)	길어요

	現在形
나쁘다 (悪い)	나빠요
작다 (小さい)	작아요
적다 (少ない)	적어요
비싸다 ((値段が)高い)	비싸요
낮다 (低い)	낮아요
짧다 (短い)	짧아요

빠르다 (速い)	빨라요	느리다 (遅い)	느려요
덥다 (暑い)	더워요	춥다 (寒い)	추워요
가깝다 (近い)	가까워요	멀다 (遠い)	멀어요
어렵다 (難しい)	어려워요	쉽다 (易しい、簡単だ)	쉬워요
맛있다 (おいしい)	맛있어요	맛없다 (まずい)	맛없어요
재미있다 (面白い)	재미있어요	재미없다 (つまらない)	재미없어요

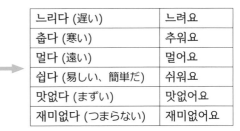

-(으)ㄴ
-지 않아요
-아/어 보세요

第 2 課

-(으)ㄴ : 連体形(名詞に接続する形)をつくる形

例 A: 노트북요? 이거 어때요? (ノートパソコンですか？これはどうですか？)

B: 좀 무거워요. **가벼운** 노트북 없어요?

(少し重いです。軽いノートパソコンはないですか？)

意味

・韓国語の形容詞は句や文の最後に位置し、動詞と同じように活用する。

・連体形をつくる形'-(으)ㄴ'は、形容詞と名詞の間におき、形容詞と名詞をつなぐ(日本語の連体形と同じ順序)。

形態

・形容詞の語幹にパッチムがない場合は、'-ㄴ'を語幹につけ、形容詞の語幹にパッチムがある場合は、'-은'をつける。

예쁘다 : 예쁜 -ㄴ → 예쁜 꽃 (きれいな花)

작다　 : 작 -은　 → 작은 방 (小さい部屋)

形容詞		
基本形	文末にくる場合(述語になる場合)	連体形(名詞の前にくる場合)
예쁘다 작다	꽃이 예뻐요. 방이 작아요.	예쁜 꽃 작은 방

> ① '있다', '없다'や、'있다', '없다'が含まれている'재미있다', '맛있다'などには'-는'
> が使われる。
>
> 　맛있다　：맛있　-는　→　맛있는 음식 (おいしい食べ物)
>
> 　재미없다　：재미없 -는　→　재미없는 사람 (つまらない人)
>
> ② ㅂ不規則形容詞
> 　形容詞の語幹のパッチムが'ㅂ'の場合、パッチム'ㅂ'を'우'に変へ、'-ㄴ'をつけ
> る。
>
> 　쉽다：쉽 - 은　→　쉬우 -ㄴ　→　쉬운

-지 않아요 : ～(く、じゃ)ないです、～(し)ません、～ではありません

例　A: **맵지 않아요**? (辛くないですか？)
　　B: 안 매워요. (辛くないです。)

意味
- '-지 않아요' は否定の表現。
- '안 + 動詞/形容詞'と意味に違いはなく、'動詞/形容詞の語幹 + -지 않아요'の形をとる。

形態
- '-지 않아요'は、動詞や形容詞と一緒に用いる。動詞や形容詞の語幹のパッチムのあるなしに関わらず、同じか形をつけて使う。

　[動詞]　가다 : 가 -지 않아요 → 가지 않아요(= 안 가요)
　　　　　먹다 : 먹 -지 않아요 → 먹지 않아요(= 안 먹어요)
　　　　　숙제하다 : 숙제하 -지 않아요 → 숙제하지 않아요 (= 숙제 안 해요)

　[形容詞] 예쁘다 : 예쁘 -지 않아요 → 예쁘지 않아요 (= 안 예뻐요)

例　A: 학교에 가요? (学校へ行きますか?)
　　B: 아니요, 학교에 **가지 않아요**. (=안 가요) (いいえ、学校に行きません。)

例　A: 이 티셔츠 좀 입어 볼 수 있어요? (このTシャツ、着てみることができますか？)
　　B: **네, 입어 보세요**. 아주 예쁜 티셔츠예요.
　　　(はい、着てみてください。とてもきれいなTシャツです。)

意味

- '-아/어 보세요'は、誰かに何かをしてみること、試してみることを勧める表現。

形態

- '-아/어 보세요'は動詞と一緒に用いる。動詞の語幹の最後の母音が陽母音(ㅏ, ㅗ)で終わる場合は、'-아 보세요'がつき、動詞の語幹の最後の母音が陰母音(ㅏ, ㅗ以外)で終わる場合は、'-어 보세요'がつく。動詞が'-하다'で終わる場合、'-하다'は'-해 보세요'になる。

　가다 :　가　　-아 보세요 → 가 보세요 (行ってみてください)

　먹다 :　먹　　-어 보세요 → 먹어 보세요 (食べてみてください)

　말하다 → 말해 보세요 (話してみてください)

- 簡単に言えば、動詞の「ヘヨ体(西江日本語1A 3課を参照)」から'요'を取り、'보세요'をつければよい(가다 : 가요 -보세요 → 가 보세요)。

> ❗ 「見る」という意味の動詞'보다'は、このかたちを取らず、'보세요'となる。
>
> 　보다 : 보 -아 보세요 → 봐 보세요 (X) → 보세요 (O)
>
> 　例　영화가 재미있어요. 한번 **보세요**.(映画が面白いです。一度見てください。)

第 **3** 課
> 하고
> -고
> -(으)ㄹ까요? ①

例　A: 그럼 우리 같이 서울을 구경할까요?
　　(では、一緒にソウルを見物しましょうか(しませんか)？)

11

B: 네, 좋아요. 저는 인사동**하고** 북촌에 가고 싶어요. (はい、いいですね。私は仁寺洞と北村に行きたいです。)

意味

・前後の名詞を同格でつなげるための助詞。

例 ① 김밥**하고** 떡볶이를 먹어요. (キンパプとトッポッキを食べます。)
② 커피**하고** 녹차가 있어요. (コーヒーと緑茶があります。)

하고は名詞の後ろについて「～と(一緒に)」の意味を表す。

例 친구**하고** 영화관에 갔어요. (友達と映画館に行きました。)

-고 : ～(し)て

例 A: 그럼 같이 점심 먹을까요?
(では、一緒に昼食(を)食べましょうか(食べませんか)？)
B: 좋아요. 같이 점심 **먹고** 산책해요.
(いいですよ。一緒に昼食(を)食べて散歩しましょう。)

意味

・'-고'は二つの節をつなぐ役割をする。

形態

・'-고'は動詞や形容詞、'-이다/아니다'、'있다/없다'と一緒に用い、語幹のパッチムのあるなしに関わらず、語幹にそのままつければよい。

例 ① 소라 씨는 텔레비전을 **보고** 미나 씨는 공부해요. (ソラさんはテレビを見て、ミナさんは勉強します。)
② 사전이 **작고** 가벼워요. (辞書は小さくて、軽いです。)

・'-고'は、主語が同じ節をつなぐ役割をするが、主語が異なる節もつなぐことができる。

例 ① 앤디 씨가 **친절하고** 똑똑해요. (アンディさんは親切で頭が良いです。)

② 앤디 씨가 기타를 **치고** 미나 씨가 노래해요. (アンディさんがギターを弾いて、ミナさんが歌います。)

• '-고'のつく動詞や形容詞には未来や過去などの時制を使わず、後ろの節の動詞や形容詞で時制を表す。

[動詞]　책을 읽었어요. 그리고 텔레비전을 봤어요.

→ 책을 읽고 텔레비전을 봤어요. (本を読んで、テレビを見ました。)

책을 읽을 거예요. 그리고 텔레비전을 볼 거예요.

→ 책을 읽고 텔레비전을 볼 거예요. (本を読んで、テレビを見るつもりです。)

[形容詞]　피곤했어요. 그리고 배고팠어요.

→ 피곤하고 배고팠어요. (疲れて、お腹がすいていました。)

例 ① 어제 이리나 씨는 책을 읽고 텔레비전을 봤어요. (昨日イリナさんは本を読んで、テレビを見ました。)

② 내일 이리나 씨는 책을 읽고 텔레비전을 볼 거예요. (明日イリナさんは本を読んで、テレビを見る予定です。)

③ 어제 저는 피곤하고 배고팠어요. (昨日私は疲れて、お腹がすいていました。)

-(으)ㄹ까요?① : ～しましょうか(しませんか)?

例 A: 우리 같이 **등산할까요**? 사라 씨하고 같이 등산하고 싶어요. (一緒に登山しましょうか(しませんか)？サラさんと一緒に登山したいです。)

B: 미안해요. 내일 아르바이트를 해요. (ごめんなさい。明日はアルバイトをします。)

意味

• '-(으)ㄹ까요?'は勧誘(何かを一緒にしようと誘う)を表す。

• '-(으)ㄹ까요?'の主語は1人称複数(私たち)だが、省略されることが多い。

形態

• '-(으)ㄹ까요?'は、動詞や'있다(滞在することを意味するときだけ)'と一緒に使われる。動詞の語幹にパッチムがない場合は、'-ㄹ까요?' をつけ、動詞の語幹にパッチムがある場合は、'-을까요?' をつける。

보다 : 보 -ㄹ까요? → 볼까요?

먹다 : 먹 -을까요? → 먹을까요?

例 ① 같이 영화를 **볼까요**? (一緒に映画を観ましょうか(観ませんか)?)
　② 같이 점심을 **먹을까요**? (一緒に昼ごはんを食べましょうか(食べませんか)?)

---

① ㄷ不規則動詞
　動詞の語幹のパッチムが'ㄷ'の場合は、パッチム'ㄷ'を'ㄹ'に変え、'-을까요?'を
つける。

　걷다 : 걷 -을까요? → 걸을까요?

　例 좀 **걸을까요**? (ちょっと歩きましょうか(歩きませんか)？)

② ㄹ不規則動詞
　動詞の語幹のパッチムが'ㄹ'の場合は、パッチム'ㄹ'をとり、'-ㄹ까요?'をつけ
る。(パッチムがない場合の活用を参照)

　만들다 : 만드 -ㄹ까요? → 만들까요?

　例 같이 음식을 **만들까요**? (一緒に料理を作りましょうか(作りませんか)?)

何かを一緒にしようと誘われたとき、'-아/어요'の形を使って同意を表すことがで
きる。

　例 A: 같이 영화를 **볼까요**? (一緒に映画を観ましょうか(観ませんか)?)
　　 B: 네, 좋아요. **봐요**. (はい、いいですよ。観ましょう。)

-(으)세요② : 敬語の文末表現（現在形）

例 A: 민수 씨는 매운 음식을 **좋아하세요**? (ミンスさんは辛い食べ物がお好きですか？)
      B: 네, 좋아해요. (はい、好きです。)

意味

- <西江韓国語1A>では、'-(으)세요'は丁寧にお願いしたり依頼したりするときの表現だと勉強した。ここで新しく勉強する'-(으)세요'は、話し手が文章の主語に敬意を表すときに用いる表現である。二つの用法は動詞の形では区別できないため、文脈や状況から判断しなければならない。
- 話し手が主語に敬意を表す表現であるため、主語は必ず 2 人称(聞き手：話をしている相手)か 3 人称(話し手でも相手でもない第 3 者)でなければならず、1 人称(話し手：私)が主語になることはない。

形態

- '-(으)세요' は、動詞や形容詞と一緒に用いる。動詞や形容詞の語幹にパッチムがない場合は、'-세요'をつけ、動詞や形容詞の語幹にパッチムがある場合は、'-으세요'をつける。
- 日本語の形容詞は敬語にできない場合が多いが、韓国語の場合、形容詞でも敬語になりえる (例文③を参考)。
- 日本語では家族や身内について他人に話すときに敬語を使わないが、韓国語では他人に自分の両親や会社の上司の話をするときも敬語を使う(例文②③を参考)。

[動詞]   읽다 : 읽   -으세요 →   읽으세요

           가다 : 가   -세요   →   가세요

[形容詞] 친절하다 : 친절하 -세요 →   친절하세요

例 ① 선생님이 여섯 시에 집에 **가세요**. (先生は6時に家にお帰りになります。)
     ② 우리 어머니가 책을 **읽으세요**. (母が本をお読みになります。)
     ③ 우리 아버지가 정말 **친절하세요**. (父はとても親切です。)

- '-(으)세요'は疑問形 '-(으)세요?'として使うこともできる。

例 마이클 씨, 지금 학교에 **가세요**?
(マイケルさん、今(これから)学校に行かれますか?)
마이클 씨 어머니가 **선생님이세요**?
(マイケルさんのお母さんは先生でいらっしゃいますか?)

❗ '-(으)세요?'を使った質問に答えるとき、話し手は自分のことについて答えることになるため、'-아/어요'を使って話さなければならない。(答えるときは主語が1人称になるため)

例 A: 집에 **가세요**? (家にお帰りですか?)
B: 네, 집에 **가요**. (はい、家に帰ります。)

❗ ① ㄷ不規則動詞
動詞の語幹のパッチムが'ㄷ'の場合、語幹のパッチム'ㄷ'を'ㄹ'に変え、'으세요'をつける。

듣다 : 듣 -으세요 → 들으세요

② ㄹ不規則動詞
動詞の語幹のパッチムが'ㄹ'の場合、語幹のパッチム'ㄹ'を取り、'-세요'をつける。

살다 : 살 -으세요 → 사 -세요 → 사세요

③ ㅂ不規則形容詞
形容詞の語幹のパッチムが'ㅂ'の場合、語幹のパッチム'ㅂ'を'우'に変え、'-세요'をつける。

춥다 : 춥 -으세요 → 추우 -세요 → 추우세요

特別な敬語の形

	해요(ヘヨ)体	敬語の形	
있다 (いる／ある)	있어요	계세요	*있다: 있으세요
없다 (いない／ない)	없어요	안 계세요	*없다: 없으세요
먹다 (食べる)	먹어요	드세요, 잡수세요	
마시다 (飲む)	마셔요	드세요	
자다 (寝る)	자요	주무세요	
말하다 (話す)	말해요	말씀하세요	

- 敬語である「계세요」は、文の主語が人のとき、かつ'있어요'が人の存在や場所を表す場合のみ使われる。

  例 ① 우리 **할머니가** 방에 계세요. (祖母が部屋にいらっしゃいます。)
     └ 主語＝人(祖母)

- 主語が事物(人でない)の場合、'있어요'は所有を意味し、この場合、'있으세요/없으세요'を用いてその持ち主への敬意を表す。

  例 ① 오늘 오후에 **시간이** 있으세요? (今日の午後に時間がおありですか?)
     └ 主語＝物(時間)
     ② 우리 할머니는 아무 **걱정이** 없으세요. (祖母は何の心配もありません。)
     └ 主語＝事(心配)

敬語で文章を作ったり話したりするとき、主語を表す'이/가'を'께서'に変えると、より敬意が高まる。

어머니가 → 어머니께서

  例 우리 어머니**께서** 오후에 시장에 **가세요**. (母は午後に市場に行かれます。)

例　A: 언제 한국에 **오셨어요**? (いつ韓国に来られましたか？)
　　B: 두 달 전에 왔어요. (2か月前に来ました。)

意味

・敬語で過去を表すときは、'-(으)세요'を'-(으)셨어요'にすればよい。

形態

・'-(으)셨어요'は、動詞や形容詞と一緒に用いる。動詞や形容詞の語幹にパッチムがない場合は、'-셨어요' をつけ、動詞や形容詞の語幹にパッチムがある場合は、'-으셨어요'をつける。

　[動詞]　　가다 : 가 -셨어요　　→ 가셨어요

　　　　　읽다 : 읽 -으셨어요　→ 읽으셨어요

　[形容詞]　친절하다 : 친절하 -셨어요 → 친절하셨어요

18

머리
(頭)

눈
(目)

목
(首)

팔
(腕)

다리
(脚)

발
(足)

귀
(耳)

코
(鼻)

입
(口)

어깨
(肩)

손
(手)

배
(お腹)

무릎
(ひざ)

19

-(으)ㄹ 줄 알아요/몰라요　　운동과 악기
-거나
-지만

-(으)ㄹ 줄 알아요/몰라요 : やり方・方法が分かる/分からない（〜できる/できない）

例　A: 한스 씨는 테니스 **칠 줄 아세요**? (ハンスさんはテニスできますか？)
　　B: 네, 칠 줄 알아요. (はい、できます。)

意味

・'-(으)ㄹ 줄 알아요'は、主語が何かをする方法を知っていることを表し、'-(으)ㄹ 줄 몰라요'は、方法が分からないことを表す。能力があるかどうかを表すため、「〜できる/できない」と訳されることが多い。

形態

・'-(으)ㄹ 줄 알아요/몰라요'は動詞と一緒に使う。動詞の語幹にパッチムがない場合は、'-ㄹ 줄 알아요/몰라요'をつけ、動詞の語幹にパッチムがある場合は、'-을 줄 알아요/몰라요'をつける。

수영하다 ： 수영하 -ㄹ 줄 알아요 → 수영할 줄 알아요

읽다　　 ： 읽 -을 줄 알아요 → 읽을 줄 알아요

例　A: **수영할 줄 아세요**? (泳ぐことがおできになりますか?) <敬語>
　　B: 네, **수영할 줄 알아요**. (はい、泳げます。)
　　　아니요, **수영할 줄 몰라요**. (いいえ、泳げません。)

---

① ㄷ不規則動詞
　動詞の語幹のパッチムが'ㄷ'の場合、パッチム'ㄷ'を'ㄹ'に変え、'-을 줄 알아요/몰라요'をつける。

　듣다 : 듣 -을 줄 알아요 → 들을 줄 알아요/몰라요

② ㄹ不規則動詞
　動詞の語幹のパッチムが'ㄹ'の場合、パッチム'ㄹ'を取り、'-ㄹ 줄 알아요/몰라요'をつける。

　만들다 : 만드 -ㄹ 줄 알아요 → 만들 줄 알아요/몰라요

第1課で勉強した'-(으)ㄹ 수 있어요/없어요'は何かをする能力があるかどうかを表す表現であり、'-(으)ㄹ 수 있어요/없어요'と'-(으)ㄹ 줄 알아요/몰라요'の意味はほぼ変わらない。したがって、2つの表現は言い換えることができる。

> 例 앤디 씨가 불고기를 만들 수 있어요.
> (アンディさんはプルコギを作ることができます。)
> = 앤디 씨가 불고기를 만들 줄 알아요.
> (アンディさんはプルコギの作り方を知っています。)

しかし、'-(으)ㄹ 수 있어요/없어요'を使って何かをする可能性の有無を述べる場合には、'-(으)ㄹ 줄 알아요/몰라요'を使って言い換えることはできない。

> 例 내일 영화를 볼 수 있어요. (O)
> 내일 영화를 볼 줄 알아요. (X)
> (明日映画を観ることができます。※観る時間があるため、観る可能性があるという意味)

-거나 : ～か（～たり）

例 A: 시간이 있을 때 뭐 하세요? (時間があるとき、何（を）なさいますか？)
　 B: 운동을 **하거나** 음악을 들어요. (運動をするか、音楽を聴きます。)

意味
- '-거나'は動詞や形容詞の後ろについて「～か」、「～たり」の意味を表す。
- '-거나'は動詞や形容詞、'-이다/아니다'、'있다/없다'と一緒に使う。

形態
- '-거나'は語幹のパッチムのあるなしに関わらず、語幹にそのままつければよい。

| 動詞や形容詞の語幹 | + -거나 + | 動詞や形容詞 |

[動詞]　보다 / 읽다　→ 보거나 읽어요.

　　　　먹다 / 마시다 → 먹거나 마셔요.

[形容詞] 좋다 / 나쁘다 → 좋거나 나빠요.

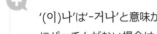

① 저녁에 텔레비전을 **보거나** 신문을 읽어요. (夕方はテレビを見るか新聞を読みます。)

② 아침에 과일을 **먹거나** 주스를 마셔요. (朝は果物を食べるかジュースを飲みます。)

- '-거나'のつく動詞や形容詞には未来や過去などの時制は使わず、後ろにくる動詞や形容詞で時制を表す。

> '(이)나'は'-거나'と意味がほぼ変わらないが、必ず名詞と一緒に使う。名詞の最後にパッチムがない場合は、'-나'を、名詞の最後にパッチムがある場合は、'이나'を名詞の後につける。
>
> 名詞 + (이)나 + 名詞
>
> 커피 / 차 : 커피**나** 차
> 책 / 신문 : 책**이나** 신문
>
> > ① 커피**나** 차를 마셔요. (コーヒーかお茶を飲みます。)
> > ② 책**이나** 신문을 읽어요. (本か新聞を読みます。)

-지만 : (〜が、〜けれど)

A: 테니스 수업이 어떠세요? (テニスの授業はいかがですか？)
B: **어렵지만** 재미있어요. (難しいけれど面白いです。)

意味

- '-지만'は、前にくる内容を認めつつ、それとは反対または異なる事実を付け加えるときに使う連結語尾。

形態

- '-지만'は、動詞や形容詞と一緒に用い、動詞や形容詞の語幹が母音か子音かに関わらず、同じ形を用いる。

한국어가 어렵다 / 재미있다	→	한국어가 어렵지만 재미있어요.
갈비가 비싸다 / 맛있다	→	갈비가 비싸지만 맛있어요.
피아노를 칠 줄 모르다 / 기타를 칠 줄 알다	→	피아노를 칠 줄 모르지만 기타를 칠 줄 알아요.

意味

・運動と楽器に関する韓国語の表現は動詞の種類が多いため、正しく使えるようにしておく
とよい。

수영 야구 축구 농구 태권도	+ 하다	테니스 배드민턴 탁구 골프 피아노 기타	+ 치다
자전거 스키 스케이트 스노보드	+ 타다	하모니카 플루트	+ 불다

第 6 課

-고 있어요
못
보다 더

-고 있어요 : ~(し)ています

 A: 혹시 완 씨가 거기에 있어요? (もしかして、ワンさんそこにいますか？)

B: 네, 지금 **숙제하고 있어요**. (はい。今、宿題(を)しています。)

意味

・'-고 있다' は現在進行中の動作や繰り返し行われる動作・習慣的な動作について述べると
きに用いる表現。'지금(今)'と一緒に用いる場合は、現在進行中の動作を表し、'요즘(こ
の頃、最近)'と一緒に用いる場合は、最近繰り返し行っている動作を表す。

23

[現在進行]

① 완 씨가 지금 친구하고 통화하고 있어요.

  (ワンさんは今友達と電話で話しています。)

② 렌핑 씨가 지금 PC방에서 게임하고 있어요.

  (レンピンさんは今ネットカフェでゲームをしています。)

[繰り返しの動作]

① 히로미 씨가 요즘 요리 학원에 다니고 있어요.

  (ヒロミさんは最近料理学校に通っています。)

② 투안 씨가 요즘 태권도를 배우고 있어요.

  (トゥアンさんは最近テコンドーを習っています。)

形態

• '-고 있다'は動詞と一緒に用い、語幹のパッチムのあるなしに関わらず、語幹にそのまま つける。

보다 → 보고 있어요

듣다 → 듣고 있어요

① 수잔 씨가 방에서 컴퓨터로 영화를 보고 있어요.

  (スーザンさんは部屋でパソコンで映画を観ています。)

② 타쿠야 씨가 요즘 아침마다 라디오를 듣고 있어요.

  (タクヤさんは最近毎朝ラジオを聞いています。)

1) '-고 있다'は、'있다'の部分を活用して過去や推測を表すことができる。

> 現在 : 저는 요즘 서강 대학교에 다니고 있어요.
>   (私は最近西江大学校に通っています。)
> 過去 : 저는 어제 7시에 텔레비전을 보고 있었어요.
>   (私は昨日7時にテレビを見ていました。)
> 推測 : 1년 후에 미국에서 일하고 있을 거예요.
>   (一年後にアメリカで働いているでしょう。)

しかし、韓国語では'-고 있다'を日本語ほど多用しない。単なる過去について話す場合は、過去進行形の'-고 있었다'ではなく、過去形を用いる。

> 例　A : 일본에서 뭘 하셨어요? (日本で何をなさいましたか？)
> 　　B : 회사에서 **일하고 있었어요**. (X) (会社で仕事をしていました。)
> 　　　　회사에서 **일했어요**. (O) (会社で仕事をしました。)

2) 敬語にする場合は'있다'を'계시다'に置き換える。

> 例　① 밖에서 선생님이 기다리고 계세요.
> 　　　(外で先生が待っていらっしゃいます。)
> 　　② A : 아버지가 지금 뭐 하고 계세요?
> 　　　　　(お父さんは今何をしていらっしゃいますか？)
> 　　　B : 방에서 신문을 읽고 계세요.
> 　　　　　(部屋で新聞を読んでいらっしゃいます。)

못 : ～できない

> 例　A: 한스 씨, 어제 친구를 만났어요? (ハンスさん、昨日友達に会いましたか？)
> 　　B: 아니요, **못** 만났어요. (いいえ、会えませんでした。)

意味
・副詞'못'は不可能、強い否定、拒絶などを表す。
・'-지 못해요'は'못'と同じ意味をもつ。

形態
・'못'と'-지 못해요'は動詞と一緒に用いる。'못'の後ろに動詞がくる。'-지 못해요'は、動詞の語幹の後ろにつき、動詞の語幹のパッチムのあるなしに関わらず、語幹にそのままつければよい。

> ❗ '안'と同様、'못'は動詞の直前にくるのが原則だが、'名詞＋하다'動詞の場合、'못'は名詞と'하다'の間にくる。

例 ① 파티에 **못** 가요. (パーティーに行けません。)

② 친구를 **못** 만났어요. (友達に会えませんでした。)

③ A: 공부했어요? (宿題しましたか?)

B: 아니요, 숙제 **못** 했어요. (いいえ、宿題できませんでした。)

보다 더 : ~よりもっと、ずっと

例 A: 혹시 이 우산이에요? (もしかして、この傘ですか?)

B: 아니요, 이거**보다 더** 긴 우산이에요. (いいえ、これよりもっと長い傘です。)

意味

• '보다 더'は2つの物事を比較するときに使われる。

形態

• '가/이'のつく主語を表す名詞を '보다 더'のつく名詞と比較する。'보다 더'は名詞の後につき、'더'が'보다'の後ろにつくと比較の意味が強まる。

| 主語 | 이/가 | 名詞 | 보다 더 | 動詞/形容詞 |

例 ① 한국말이 영어**보다 더** 어려워요. (韓国語は英語より(もっと)難しいです。)

② 캐나다가 한국**보다 더** 커요. (カナダは韓国より(ずっと)大きいです。)

! '보다'なしで'더'を使う場合

例 A: 코지 씨하고 토니 씨 중에서 누가 **더** 커요? (コウジさんとトニーさんのうちどちらが背が高いですか?)

B: 토니 씨가 **더** 커요. (トニーさんのほうが高いです。)

➕ 比較されるものの語順が変わっても意味は変わらない。'보다'がついている名詞が比較対象になる。

例 한국보다 캐나다가 커요. (韓国よりカナダのほうがもっと大きいです。)

= 캐나다가 한국보다 커요. (カナダは韓国よりもっと大きいです。)

26

第 7 課

-아/어 주세요
-아/어 드릴게요
-아/어 봤어요

-아/어 주세요 : ～(し)てください

例 A: 저, 죄송하지만 자리 좀 **바꿔 주세요**. 너무 추워요.

(あのう、すみませんが、席を変えてください。とても寒いです。)

B: 네, 알겠습니다. (はい、分かりました。)

意味

• '-아/어 주세요'は丁寧な依頼を表し、話し手が自分のために何かをしてもらうことをお願いする丁寧な表現。

形態

• '-아/어 주세요'は動詞と一緒に使う。動詞の語幹の最後の母音が陽母音(ㅏ, ㅗ)で終わる場合は、'-아 주세요'がつき、動詞の語幹の最後の母音が陰母音(ㅏ, ㅗ以外)で終わる場合は、'-어 주세요'がつく。'-하다'動詞は'- 해 주세요'になる。

닫다 : 닫 -아 주세요 → 닫아 주세요

읽다 : 읽 -어 주세요 → 읽어 주세요

하다 : → 해 주세요

• 簡単に言えば、動詞・形容詞の「ヘヨ体(西江日本語1A 3課を参照)」から'요'を取り、'주세요' をつければよい。(닫다 : 닫아요 -주세요 → 닫아 주세요)

例 ① 문을 **닫아 주세요**. (ドアを閉めてください。)

② 이 책을 **읽어 주세요**. (この本を読んでください。)

③ **해 주세요**. (してください。)

> ❗ ① 으不規則動詞／形容詞
>
> 動詞の語幹が'으'で終わる場合、語幹の'으'を取り、'- 어 주세요'をつける。
>
> 쓰다 : 쓰 - 어 주세요 → ㅆ - 어 주세요 → 써 주세요

② ㄷ不規則動詞

動詞の語幹のパッチムが'ㄷ'の場合、パッチム'ㄷ'を'ㄹ'に変え、'-어 주세요'をつける。

듣다 : 듣 -어 주세요 → 들 -어 주세요 → 들어 주세요

③ 르不規則動詞

動詞の語幹の最後が'르'の場合、'르'から'ㅡ'を取り、'ㄹ'と'-어 주세요'をつける。

부르다 : 부르 -어 주세요 → 부ㄹ ㄹ -어 주세요 → 불러 주세요

-아/어 드릴게요 : 「～して差し上げます」「お／ご(御)～します」（謙譲表現）

例 A: 바야르 씨가 맛있는 식당 좀 소개해 주세요. (バヤールさんがおいしい食堂を紹介してください（教えてください）。)
B: 네, 제가 **알려 드릴게요**. (はい、私がお教えします。)

意味

- '-아/어 드릴게요'は、目上の人やよく知らない相手などに何かを申し出る場合に使う。「聞き手のために」何かをするという意味があり、'-아/어 줄게요'の謙譲表現となる。

形態

- 主語は1人称(私、私たち)になる。
- '-아/어 드릴게요'は動詞と一緒に用いる。動詞の語幹の最後の母音が陽母音(ㅏ, ㅗ)で終わる場合は、'-아 드릴게요'をつけ、語幹の最後の母音が陰母音(ㅏ, ㅗ以外)で終わる場合は、'-어 드릴게요'をつける。'-하다'で終わる場合、'-하다'は'-해 드릴게요'になる。
- 簡単に言えば、「ヘヨ体(「西江韓国語１Ａ」３課を参照)」から'요'を取り、'드릴게요'をつければよい。(열다 : 열어요 → 열어요 + 드릴게요 → 열어 드릴게요)

사다　　→ 사 드릴게요

가르치다 → 가르쳐 드릴게요

안내하다 → 안내해 드릴게요

例 ① 같이 점심 먹으러 가요. 오늘 제가 점심을 사 드릴게요. (一緒に昼食を食べに行きましょう。今日は私が(昼食を)お支払いします。)

② A : 사무실 전화번호 좀 가르쳐 주세요. (事務室の電話番号を教えてください。)
　　B : 네, 가르쳐 드릴게요. (はい、お教えします。)

③ A : 학교 사무실이 어디에 있어요? (学校の事務室はどこにありますか？)
　　B : 제가 안내해 드릴게요. 이쪽으로 오세요. (私がご案内いたします。こちらへどうぞ(いらしてください)。)

---

① 으不規則動詞
動詞の語幹が母音'으'で終わる場合、母音'으'を取り、'-어 드릴게요'をつける。

쓰다 : 쓰 -어 드릴게요 → ㅆ -어 드릴게요 → 써 드릴게요

例 A: 이름을 어떻게 쓰세요? (お名前はどのようにお書きになりますか？)
　　B: 제가 써 드릴게요. (私が書いて差し上げます。)

② 르不規則動詞
動詞の語幹の最後が'르'の場合、'르'の母音'으'を取り、'ㄹ'をつけ、さらに'-어 드릴게요'をつける。

부르다 : 부르 -어 드릴게요 → 부ㄹ ㄹ -어 드릴게요 → 불러 드릴게요

③ ㅂ不規則動詞
動詞'돕다'の場合、語幹のパッチム'ㅂ'を'오'に変え、'-아 드릴게요'をつける。

돕다 : 돕 -아 드릴게요 → 도오 -아 드릴게요 → 도와 드릴게요

例 A: 일이 많아서 혼자 할 수 없어요. (仕事が多くて一人でできません。)
　　B: 제가 도와 드릴게요. (私が手伝って差し上げます。)

-아/어 봤어요 : (試しに)～してみました

例 A: 바야르 씨, 비빔밥 **먹어 보셨어요**? (バヤールさん、ビビンバお食べになりましたか？)

B: 네, **먹어 봤어요**. 가브리엘 씨는요? (はい、食べてみました。ガブリエルさんは？)

A: 아직 못 **먹어 봤어요**. (まだ食べていません。)

意味

• '-아/어 봤어요'は過去の経験を表す。

形態

• '-아/어 보세요'(第2課)と活用の方法は同じ。

　가다: 가 - 아 봤어요 → 가 봤어요

　먹다: 먹 - 어 봤어요 → 먹어 봤어요

　하다 → 해 봤어요

例 ① 제주도에 **가 봤어요**. (済州島に行ってみました。)

② 인삼을 **먹어 봤어요**. (朝鮮人参を食べてみました。)

③ 한번 **해 봤어요**. (一度してみました。)

❗ 「見る」という意味の動詞'보다'はこの形にならない。例外的に'봤어요'だけ使えばよい。

例 보다: 봐 봤어요. (X) → 봤어요. (O)

30

第 **8** 課

-아/어서①
-지요?
-(으)려고 해요

-아/어서 : 〜して、〜なので（理由）

例
A: 뭐가 제일 좋았어요? (何が一番良かったですか？)
B: 말하기 수업이 **재미있어서** 좋았어요. (スピーキングの授業が面白くて良かったです。)

意味

- '-아/어서'は動作·行動や状態の理由を表すときに使う。

例
배가 아파서 병원에 갔어요. (お腹が痛くて、病院に行きました。)
理由 ↵　　└ 動作·行動

形態

- '-아/어서'は動詞や形容詞、'-이다/아니다'、'있다/없다'と一緒に使う。語幹の最後の母音が陽母音(ㅏ, ㅗ)で終わる場合は、'-아서'がつき、語幹の最後の母音が陰母音(ㅏ, ㅗ以外)で終わる場合は、'-어서' がつく。'-하다'動詞は'- 해서'になる。
- 簡単に言えば、動詞·形容詞の「ヘヨ体(西江日本語1A 3 課を参照)」から'요'を取って、'서'をつければよい。(비싸다 : ヘヨ体 비싸요 → 비싸~~요~~ + 서 → 비싸서)

> **!**
> ① 으不規則動詞/形容詞
> 動詞や形容詞の語幹が母音'으'で終わる場合、語幹の母音'으'を取り、'-아서'をつける。
>
> 바쁘다 : 바쁘 -아서 → 바ㅃ -아서 → 바빠서
>
> ② ㄷ不規則動詞
> 動詞の語幹のパッチムが'ㄷ'の場合、パッチム'ㄷ'を'ㄹ'に変え、'-어서'をつける。
>
> 걷다 : 걷 -어서 → 걸 -어서 → 걸어서

③ ㅂ不規則形容詞

形容詞の語幹のパッチムが'ㅂ'の場合、パッチム'ㅂ'を'우'に変え、'-어서'をつける。

덥다 : 덥 -어서 → 더우 -어서 → 더워서

④ 르不規則動詞

動詞の語幹の最後が'르'のとき、語幹の'ㅡ'を取り、'ㄹ' をつけ、さらに '-아서'をつける。

모르다 : 모르 -아서 → 모ㄹ ㄹ -아서 → 몰라서

例 ① **바빠서** 영화관에 안 가요. (忙しくて映画館に行きません。)
② 많이 **걸어서** 다리가 아파요. (たくさん歩いたので足が痛いです。)
③ **더워서** 창문을 열었어요. (暑いので窓を開けました。)
④ **몰라서** 선생님한테 물어봤어요. (分からないので先生に聞いてみました。)

• '-아/어서'の部分には過去・現在・未来の時制は使わず、後ろの節の動詞や形容詞で時制を表す。

비싸요　　 -아서 → 비싸서 안 사요.

비쌌어요 　 -아서 → 비싸서 안 샀어요.

비쌀 거예요 -아서 → 비싸서 안 살 거예요.

例 ① A: 왜 안 샀어요? (どうして買いませんでしたか（買わなかったんですか）?)
B: **비싸서** 안 샀어요. (高かったので買いませんでした。)

② A: 살 거예요? (買いますか?)
B: 아니요, **비싸서** 안 살 거예요. (いいえ、高いので買いません。)

主節(後ろの節、時制を表す節)に命令形（例文①を参考）'-(으)세요'や勧誘形（例文②を参考）"-(으)ㄹ까요?"などがくる場合、'-아/어서'を使うことはできない。

例 ① **바빠서** 내일 가세요.(X) → 바쁘니까 내일 가세요.(O)
(忙しいから、明日行ってください。)
② **바빠서** 내일 갈까요?(X) → 바쁘니까 내일 갈까요?(O)
(忙しいから、明日行きましょうか?)

-지요? : ～でしょう？、～ですよね？（付加疑問）

例 A: 하루카 씨, **숙제했지요**? (ハルカさん、宿題しましたよね？)
B: 아니요, 못 했어요. (いいえ、できませんでした。)

意味

- '-지요?'は、話し手が質問や疑問を投げかけるわけではなく、相手に自分の意見に対する同意を求めるときに使う表現。

形態

- '-지요?'は、動詞や形容詞と一緒に用い、動詞や形容詞の語幹のパッチムのあるなしに関わらず、そのまま語幹の後ろにつける。

例 ① 날씨가 좋지요? (天気が良いですよね？)
② 소라 씨가 참 친절하지요? (ソラさんは本当に親切でしょう（親切ですよね)？)
③ 숙제 다 했지요? (宿題全部しましたよね（したでしょう)？)

-(으)려고 해요 : ～(し)ようと思います、～(し)ようとします

例 A: 방학 때 뭐 할 거예요? (学校の休みに何をする予定ですか？)
B: 저는 고향에 갔다 올 거예요. 앤디 씨는요? (私は故郷に行って来る予定です。アンディさんは？)
A: 저는 부산에 여행 **가려고 해요**. (私は釜山に旅行に行こうと思います。)

意味

- '-(으)려고 해요'は、話し手が何かをしようという意図や未来の計画について話すときの表現。

形態

- '-(으)려고 해요'は動詞の語幹につく。動詞の語幹にパッチムがない場合は、'-려고 해요'をつけ、動詞の語幹にパッチムがある場合は、'-으려고 해요'をつける。

가다 : 가 -려고 해요 → 가려고 해요

찾다 : 찾 -으려고 해요 → 찾으려고 해요

33

例 ① 내일 영화관에 **가려고 해요**. (明日映画館に行こうと思います。)
② 은행에서 돈을 **찾으려고 해요**. (銀行でお金を下ろそうと思います。)

! ① ㄷ不規則動詞

動詞の語幹のパッチムが 'ㄷ' の場合、パッチム 'ㄷ' を 'ㄹ' に変え、'-으려고' を
つける。

듣다 : 듣 -으려고 → 들 -으려고 → 들으려고

例 음악을 **들으려고 해요**. (音楽を聞こうと思います。)

② ㄹ不規則動詞

動詞の語幹のパッチムが 'ㄹ' の場合、'-려고 해요' をそのままつければよい。

살다 : 살 -려고 해요 → 살려고 해요

例 서울에서 **살려고 해요**. (ソウルに住もうと思います。)

불규칙 동사/형용사
不規則動詞／形容詞

▶ ㄷ不規則動詞

動詞の語幹のパッチムが 'ㄷ' で、母音が後ろに続く場合、'ㄷ' は 'ㄹ' に変わる。

듣다(聞く): 듣 -어요　　　→　들어요
　　　　　　　 -었어요　　 →　들었어요
　　　　　　　 -을 거예요　→　들을 거예요

	母音が後ろに続く場合 (パッチムの発音変化 ㄷ→ㄹ)	子音が後ろに続く場合
듣다 (聞く)	들어요	듣고 싶어요
묻다 (尋ねる)	물어요	묻고 싶어요
걷다 (歩く)	걸어요	걷고 싶어요

▶ 르不規則動詞／形容詞

語幹が'르'で終わる動詞や形容詞で、'르'の後ろに'아'か'어'が続く場合、母音'으'が省略され、'ㄹ'を前の音節にもう一つ加えなければならない。

모르다 (知らない) : 모르 -아요 → 몰르 -아요 → 몰라요

부르다 (呼ぶ) : 부르 -어요 → 불ㄹ -어요 → 불러요

> 例 ① 지하철이 **빨라요**. (地下鉄は速いです。)
> ② 앤디 씨 이메일 주소를 **몰라요**. (アンディさんのEメールアドレスを知りません。)

'르'不規則動詞	
모르다 (知らない)	몰라요
부르다 (呼ぶ)	불러요

'르'不規則形容詞	
빠르다 (早い、速い)	빨라요
다르다 (違う)	달라요

▶ ㅂ不規則形容詞

動詞や形容詞の語幹のパッチムが'ㅂ'で、母音が後ろに続く場合、'ㅂ'は'우'に変わり、'-어요'が後ろに続く。

쉽다 (簡単だ): 쉽 -어요 → 쉬우 -어요 → 쉬워요

춥다 (寒い): 춥 -어요 → 추우 -어요 → 추워요

ㅂ不規則形容詞	
쉽다 (易しい、簡単だ)	쉬워요
어렵다 (難しい)	어려워요
춥다 (寒い)	추워요
덥다 (暑い)	더워요

▶ ㄹ不規則動詞／形容詞 (ㄹが消える場合)

「살다(住む、暮らす)」、「놀다(遊ぶ)」、「길다(長い)」のように語幹のパッチムが'ㄹ'である動詞や形容詞の後ろに'ㄴ'、'ㅂ'、'ㅅ'の音が続くとき、語幹のパッチム'ㄹ'はなくなる。

살다 (住む、暮らす) : 살 -세요 → 사세요

알다 (知る、分かる) : 알 -ㅂ니다 → 압니다

길다 (長い) : 길 -ㄴ → 긴 치마

➕

'나쁜 사람'という言葉で、'ㄹ'がなくなる規則を覚えよう。

나 → ㄴ / 쁜 → ㅂ / 사람 → ㅅ

> 例 ① 소라 씨가 보통 **긴** 치마를 입어요. (ソラさんは普通長いスカートをはきます。)
> ② 할 줄 **압니다**. (やり方が分かります。)
> ③ 지금 어디에서 **사세요**? (今どこに住んでいますか？)

ㄹ不規則動詞	-(으)세요	-ㅂ/습니다
살다 (住む、暮らす)	사세요	삽니다
알다 (知る、分かる)	아세요	압니다
만들다 (作る)	만드세요	만듭니다
놀다 (遊ぶ)	노세요	놉니다

ㄹ不規則形容詞	-(으)세요	-ㅂ/습니다	-(으)ㄴ
멀다 (遠い)	머세요	멉니다	먼
길다 (長い)	기세요	깁니다	긴

各課の単語と表現

● 名詞　　■ 動詞　　▲ 形容詞　　◆ その他　　□ 表現

말하기 話そう

형용사① 形容詞①

높다-높아요	(高さが)高い-高いです
낮다-낮아요	低い-低いです
많다-많아요	多い-多いです
적다-적어요	少ない-少ないです
크다-커요	大きい-大きいです
작다-작아요	小さい-小さいです
싸다-싸요	安い-安いです
비싸다-비싸요	(価格が)高い-高いです
덥다-더워요	暑い-暑いです
춥다-추워요	寒い-寒いです
맛있다-맛있어요	おいしい-おいしいです
맛없다-맛없어요	まずい-まずいです

문법 文法

◆ 잠깐	(時間的に)ちょっと、少し
■ 들어가다	入る
◆ 일주일 동안	一週間
■ 연습하다	練習する
◆ 돈을 찾다	お金を引き出す
◆ 약을 먹다	薬を飲む
● 문화	文化
■ 알다	分かる、知る
● 역사	歴史
◆ 발음을 잘하다	発音が上手い

● 비행기표	飛行機のチケット

대화 会話

□ 알겠어요.	分かりました。
◆ 다른 약속이 있다	他の約束がある
◆ 너무	とても
◆ 프로젝트가 있다	プロジェクトがある
◆ 서류를 만들다	書類を作る
◆ 출장을 가다	出張に行く
◆ 서울을 안내하다	ソウルを案内する
▲ 넓다	広い
◆ 경치가 좋다	景色が良い
◆ 바람이 시원하다	風が涼しい
◆ 푸드 트럭	フードトラック

읽고 말하기 読んで話そう

□ 잘 지내요.	よく(元気に)過ごしています。
● 생활	生活
◆ 마음에 들다	気に入る
▲ 편하다	楽だ
□ 건강 조심하세요.	健康に気をつけてください。
◆ 모두	皆、全て
▲ 친절하다	親切だ
▲ 재미있다	面白い、楽しい
■ 복습하다	復習する
● 학기	学期
◆ 새 집	新しい家
◆ 집을 찾다	家を探す
▲ 불편하다	不便だ

● 부엌	台所、キッチン
◆ 드림	〜より

듣고 말하기 聞いて話そう

● 부동산	不動産、不動産屋
◆ 또	また、他に
▢ 교통이 불편해요.	交通が不便です。
▢ 글쎄요.	ええと。
● 가격	価格、値段
◆ 늦게까지	遅くまで
◆ 진짜	本当に
◆ 좋은 집	良い家

第 2 課

말하기 話そう

형용사② 形容詞②

길다-길어요- 긴 바지	長い-長いです-長いズ ボン
짧다-짧아요- 짧은 바지	短い-短いです-短いズ ボン
빠르다-빨라요- 빠른 버스	速い-速いです-速いバ ス
느리다-느려요- 느린 버스	遅い-遅いです-遅いバ ス
같다-같아요- 같은 옷	同じ-同じです-同じ服

다르다-달라요- 다른 옷	違う-違います-違う服
쉽다-쉬워요- 쉬운 시험	簡単だ-簡単です-簡単 な試験(テスト)
어렵다-어려워요- 어려운 시험	難しい-難しいです-難 しい試験(テスト)
가볍다-가벼워요- 가벼운 가방	軽い-軽いです-軽いか ばん
무겁다-무거워요- 무거운 가방	重い-重いです-重いか ばん
조용하다-조용해요- 조용한 교실	静かだ-静かです-静か な教室
시끄럽다-시끄러워요- 시끄러운 교실	うるさい-うるさいです -うるさい教室

문법 文法

● 스카프	スカーフ
● 날씨	天気
● 머리	髪、頭
● 과자	お菓子
● 막걸리	マッコリ
◆ 아름다운 곳	美しいところ
▲ 예쁘다	きれいだ
▲ 멋있다	かっこいい
■ 쓰다	(帽子などを)かぶる、 書く、使う
◆ 옷 가게	服屋

대화 会話

▢ 어서 오세요.	いらっしゃいませ。
▢ 뭐 찾으세요?	何かお探しですか？
● 선풍기	扇風機
● 드라이기	ドライヤー
● 김치	キムチ

▲ 맵다	辛い
□ 여기요.	どうぞ。
□ 맛있게 드세요.	おいしく召し上がってください。
● 김	海苔
▲ 짜다	しょっぱい
● 귤	みかん
▲ 시다	酸っぱい
▲ 달다	甘い
◆ 이 티셔츠	このTシャツ
■ 입다	着る
● 색깔	色
● 치마	スカート
● 바지	ズボン
● 구두	靴(革靴などフォーマルシーンで履く靴)
● 운동화	運動靴
● 부츠	ブーツ
■ 신다	履く

읽고 말하기 読んで話そう

● 시장	市場
● 액세서리	アクセサリー
● 꽃	花
● 선물	プレゼント、お土産
● 거리	通り
● 버스킹	路上ライブ
▲ 유명하다	有名だ
● 노래방	カラオケ
◆ 게임 센터	ゲームセンター

듣고 말하기 聞いて話そう

● 원룸	ワンルーム
▲ 깨끗하다	きれいだ
● 침대	ベッド
● 냉장고	冷蔵庫
● 에어컨	エアコン
● 세탁기	洗濯機
● 위치	位置
◆ 바로	すぐ
● 월세	家賃
● 고시원	コシウォン(台所のないワンルーム)
□ 한 달에 45만원이에요.	ひと月、45万ウォンです。
□ 그럼요.	もちろんです。
◆ 둘 다	両方、どちらも

第 3 課

말하기 話そう

여가 활동 余暇活動

■ 운동하다	運動(を)する
■ 산책하다	散歩(を)する
■ 등산하다	登山(を)する
■ 게임하다	ゲーム(を)する
◆ 미술관에 가다	美術館に行く
◆ 콘서트에 가다	コンサートに行く

◆ 노래방에 가다	カラオケに行く	● 축제	祭り
◆ 영화를 보다	映画を観る	▲ 다양하다	多様だ、様々だ
◆ 공연을 보다	公演を観る	● 이벤트	イベント
◆ 사진을 찍다	写真を撮る	◆ 여러 가지	色々(な)
◆ 쿠키를 만들다	クッキーを作る	◆ 선물을 받다	プレゼントをもらう

문법 文法

● 떡볶이	トッポッキ	◆ 세계 여러 나라 음식	世界の色々な国の料理
● 반지	指輪	■ 공연하다	公演する
● 귀걸이	耳飾り(イヤリング、ピアス)	◆ 표를 사다	チケットを買う
		● 무료	無料
		◆ 누구든지	誰でも

대화 Dialogue

☐ 아직 잘 모르겠어요.	まだよく分かりません。	◆ 일찍부터	早くから
● 치킨	チキン	◆ 줄을 서다	列に並ぶ
◆ 커피 한잔하다	コーヒー(を)一杯する (軽くお茶するときの表現)	● 정문	正門

第 **4** 課

읽고 말하기 読んで話そう

● 나무	木
◆ 다 같이	皆一緒に
■ 이기다	勝つ
◆ 다시	また、もう一度
■ 대답하다	答える
◆ 둘이서만	二人だけで

말하기 話そう

신체 身体

듣고 말하기 聞いて話そう

● 머리	頭、髪
● 눈	目
● 목	首、喉
● 팔	腕
● 다리	脚

☐ 아직 특별한 계획은 없어요.	まだ特別な(特に)計画はありません。	● 발	足
		● 귀	耳
		● 코	鼻

● 입	口
● 어깨	肩
● 손	手
● 배	お腹
● 무릎	膝

■ 주무세요-주무셨어요	お休みになります-お休みになりました
■ 드세요-드셨어요	召し上がります-召し上がりました
■ 말씀하세요-말씀하셨어요	おっしゃいます-おっしゃいました
■ 계세요-계셨어요	いらっしゃいます-いらっしゃいました

문법 文法

◆ 뉴스를 보다	ニュースを見る
● 신문	新聞
● 한복	韓服(ハンボク)
◆ 몇 잔	何杯

대화 会話

□ 그러세요?	そうですか。
□ 얼굴이 안 좋으세요.	顔色が良くないです。
▲ 아프다	痛い、具合が悪い
◆ 열이 나다	熱が出る
◆ 알레르기가 있다	アレルギーがある
◆ 감기에 걸리다	風邪をひく
▲ 따뜻하다	温かい、暖かい
■ 주문하다	注文する
● 한국말	韓国語

◆ 참	とても、本当に、実に
■ 잘하다	上手だ

읽고 말하기 読んで話そう

● 거기	そこ
◆ 날씨가 좋다	天気が良い
◆ 비가 오다	雨が降る
◆ 바람이 불다	風が吹く
● 할머니	おばあちゃん、おばあさん
● 건강	健康
● 할아버지	おじいちゃん、おじいさん
◆ 친한 친구	仲の良い(親しい)友達
● 거실	居間、リビング
● 언니	(女性から見て)お姉ちゃん、お姉さん
◆ 요가(를) 하다	ヨガ(を)する
● 간식	おやつ
◆ 조금 후	少しあと、もうすぐ

듣고 말하기 聞いて話そう

□ 들어오세요.	お入りください(どうぞ)。
● 내과	内科
◆ 갔다 오다	行って来る
▲ 괜찮다	大丈夫だ
□ 푹 쉬세요.	ゆっくり休んでください。
◆ 시험을 보다	試験をする、試験を受ける
□ 어떻게 해요?	どうしましょう。

■ 걱정하다	心配する
□ 내일 학교에 꼭 오세요.	明日(は)学校に必ず来てください。
□ 빨리 나으세요.	早く良くなってください。

第 5 課

말하기 話そう

운동과 악기 運動と楽器

■ 수영하다	泳ぐ
■ 야구하다	野球する
■ 축구하다	サッカーする
■ 농구하다	バスケットボールする
◆ 테니스를 치다	テニスをする
◆ 배드민턴을 치다	バドミントンをする
◆ 탁구를 치다	卓球をする
◆ 골프를 치다	ゴルフをする
◆ 자전거를 타다	自転車に乗る
◆ 스키를 타다	スキーをする
◆ 스케이트를 타다	スケートをする
◆ 스노보드를 타다	スノーボードをする
◆ 피아노를 치다	ピアノを弾く
◆ 기타를 치다	ギターを弾く
◆ 하모니카를 불다	ハーモニカを吹く
◆ 플루트를 불다	フルートを吹く

대화 会話

□ 시간이 있을 때 뭐 하세요?	時間があるとき、何(を)されますか？
● 힙합	ヒップホップ
● 클래식	クラシック
● 재즈	ジャズ
● 케이팝	K-POP
● 라틴 댄스	ラテンダンス
● 코미디 영화	コメディ映画
● 액션 영화	アクション映画
● 공포 영화	ホラー映画
● 애니메이션	アニメ
▲ 힘들다	大変だ、きつい
◆ 손이 아프다	手が痛い
◆ 수업료가 비싸다	授業料が高い
□ 요즘 어떻게 지내세요?	最近いかがお過ごしですか？
◆ 배우러 다니다	習いに行く

읽고 말하기 読んで話そう

● 자기소개서	自己紹介書
● 방송국	放送局
● 신문방송학	新聞放送学
■ 전공하다	専攻する
◆ 인턴을 하다	インターンをする
● 고등학교	高校
◆ 관심이 많다	関心が高い
● 학년	学年
■ 이해하다	理解する
◆ 학원에 다니다	塾に通う
● 프로그램	プログラム

■ 사용하다	使用する、使う
◆ 특히	特に
● 편집	編集
● 방송	放送
□ 잘 부탁드립니다.	よろしくお願いします。

듣고 말하기 聞いて話そう

◆ 일주일에 몇 번	週に何回
◆ 퇴근 후	退勤後
◆ 소개해 주다	紹介してくれる、紹介してあげる
◆ 신촌 역 2번 출구	新村駅2番出口

第 6 課

말하기 話そう

색깔 色

● 빨간색	赤色
● 주황색	オレンジ色
● 노란색	黄色
● 초록색	緑色
● 파란색	青色
● 남색	藍色
● 보라색	紫色
● 하얀색	白色

● 까만색	黒色
□ 무슨 색이에요?	何色ですか？

문법 文法

◆ 이를 닦다	歯を磨く
◆ 손을 씻다	手を洗う
◆ 그림을 그리다	絵を描く
● 코트	コート
▲ 얇다	薄い

대화 会話

● 단어	単語
■ 외우다	覚える
■ 번역하다	翻訳する
■ 찾아보다	調べる、探す
◆ 일이 생기다	仕事(用事)ができる
□ 잠깐만요.	ちょっと待ってください。
□ 무슨 색 우산 이에요?	何色の傘ですか？
◆ 이 우산	この傘
◆ 이거	これ
● 목도리	マフラー

읽고 말하기 読んで話そう

● 토끼	うさぎ
● 거북	かめ
◆ 옛날옛날에	むかしむかし
◆ 어느 날	ある日
◆ 그때	そのとき
◆ 천천히	ゆっくり
■ 걸어가다	歩いて行く
■ 물어보다	聞いてみる

◆ 크게	大きく
■ 웃다	笑う
◆ 기분이 나쁘다	気分が悪い
■ 달리기하다	かけっこする
◆ 빨리	速く
■ 뛰어가다	走って行く
■ 생각하다	考える
◆ 열심히	一生懸命
◆ 얼마 후	しばらくして
▢ 야호!	やっほー
● 소리	声、音
■ 부르다	呼ぶ

듣고 말하기 聞いて話そう

■ 잃어버리다	なくす、失う
● 사무실	事務室
▢ 한번 물어보세요.	一度聞いてみてください。
▢ 저기 죄송한데요.	あのう、すみません(が)。
● 학생증	学生証
▢ 혹시 이거예요?	もしかしてこれですか？
◆ 유실물 센터	遺失物センター
◆ 전화를 받다	電話に出る
◆ 시청 역	市庁駅

말하기 話そう

한국 음식 韓国料理

● 순두부찌개	スンドゥブチゲ
● 비빔밥	ビビンバ
● 김치볶음밥	キムチチャーハン
● 김밥	キンパプ
● 잔치국수	チャンチグクス(にゅうめん)
● 비빔국수	ビビングクス(混ぜ素麺)
● 라면	ラーメン
● 떡볶이	トッポッキ

문법 文法

■ 포장하다	包む
■ 켜다	(火や電源などを)つける
■ 돕다	助ける、手伝う
▢ A/S센터	アフターサービスセンター(サポートセンター)
▢ 고장났어요.	故障しました。壊れました。
■ 계산하다	計算する
■ 누르다	押す
■ 끄다	(火や電源などを)消す、切る
▲ 어둡다	暗い
◆ 가지고 오다	持って来る
● 외국	外国

45

● 찜질방	チムジルバン	
◆ 번지 점프를 하다	バンジージャンプをする	
■ 낚시하다	釣りする	

대화 会話

◆ 자리를 바꾸다	席を変える
◆ 테이블을 닦다	テーブルを拭く
▲ 지저분하다	汚い、散らかっている
◆ 오이를 빼다	キュウリを抜く
◆ 다 먹을 수 없다	全て食べられない(食べきれない)
● 맛집	おいしいお店
■ 추천하다	推薦する、おすすめする
◆ 이따가	後で
● 예매	予約
◆ 확인(을) 하다	確認(を)する
■ 소개하다	紹介する
■ 알리다	知らせる

읽고 말하기 読んで話そう

□ 만들어 주셨습니다.	作ってくださいました。
● 불고기	プルコギ
■ 부탁하다	頼む、お願いする
◆ 언제든지	いつでも
◆ 며칠 후	数日後
◆ 먼저	まず、先に
● 간장	醤油
● 설탕	砂糖
● 참기름	ごま油

● 마늘	にんにく
■ 넣다	入れる
■ 섞다	混ぜる
● 소고기	牛肉
● 당근	人参
● 양파	玉ねぎ
● 파	ねぎ
■ 볶다	炒める
▲ 기쁘다	嬉しい
□ 말씀하셨습니다.	おっしゃいました。

듣고 말하기 聞いて話そう

● 메뉴판	メニュー
□ A : 뭐 주문하시겠어요?	A : 何(を)ご注文なさいますか?
□ B : 잠깐만 기다려 주세요.	B : ちょっと待ってください。
● 삼겹살	サムギョプサル
■ 시키다	注文する
◆ 배가 고프다	お腹が空く
◆ 2인분	2人前
■ 굽다	焼く
■ 저기요.	すみません。
● 반찬	おかず
□ 반찬은 셀프예요.	おかずはセルフです。
◆ 셀프 코너	セルフコーナー
□ 제가 가지고 올게요.	私が持ってきます。
□ 식사는 뭘로 하시겠어요?	お食事は何になさいますか?

□ 한번 드셔 보 세요.	一度召し上がってみてください。
◆ 식사가 나오다	食事が出てくる
■ 자르다	切る

第 **8** 課

말하기 話そう

이유 理由

◆ 머리가 아프다	頭が痛い
◆ 시간이 없다	時間がない
◆ 너무 피곤하다	とても疲れる
◆ 일이 생기다	仕事(用事)ができる
◆ 다른 일이 있다	他の仕事(用事)がある
◆ 숙제가 많다	宿題が多い
◆ 감기에 걸리다	風邪をひく
▲ 바쁘다	忙しい
◆ 시험이 있다	試験(テスト)がある

대화 会話

□ 저도 다 못 했어요.	私も全部できませんでした。
◆ 인터뷰 준비하다	面接(の)準備(を)する
● 졸업식	卒業式
◆ 시험 공부하다	試験勉強(を)する
◆ 제일	一番
□ 저도요.	私もです。
◆ 벌써 다 끝났어요.	もう全て終わりました。

◆ 시간이 빠르다	時間が(経つのが)早い
□ 방학 잘 보내세요.	良い休みをお過ごしください。
● 여기저기	あちこち

읽고 말하기 読んで話そう

● 처음	最初、初め
● 건물	建物
● 휴게실	休憩室
▲ 부지런하다	勤勉だ
● 휴일	休日
□ 거의 다 알아요.	ほとんど全て知っています。
◆ 정말	本当
▲ 똑똑하다	賢い
◆ 가끔	たまに
▲ 즐겁다	楽しい

듣고 말하기 聞いて話そう

■ 출발하다	出発する
◆ 그러니까	だから
▲ 두껍다	厚い
▲ 필요하다	必要だ
◆ 사다 주다	買ってくれる(あげる)
● 제목	題目、タイトル
□ 메시지로 보낼게요.	メールで送ります。
□ 준비 다 했어요?	準備は終わりましたか?
□ 거의 다 했어요.	ほとんど終わりました。
■ 걱정되다	心配する
◆ 금방	すぐ

テキスト翻訳(日本語)

(会話・読んで話そう・聞いて話そう)

第1課　漢江公園はとても広かったです

<話そう>

会話1　一緒に行けますか？

アンディ　土曜日にミナさんと漢江公園に行く予定です。一緒に行けますか？
サラ　　はい、いいですよ。一緒に行きましょう。

アンディ　土曜日にミナさんと漢江公園に行く予定です。一緒に行けますか？
バヤール　ごめんなさい。土曜日は他の約束があります。
アンディ　分かりました。今度一緒に行きましょう。

会話2　書類を作らなければなりません。

サラ　　ハンスさん、昨日(は)なぜ漢江公園に来なかったんですか？
ハンス　仕事がとても多かったです。
サラ　　本当ですか？最近忙しいですか？
ハンス　はい、プロジェクトがあります。だから、書類を作らなければなりません。

会話3　漢江公園はどうでしたか？

ワン　　ここはどこですか？
トゥアン　漢江公園です。先週、漢江公園で自転車に乗りました。
ワン　　漢江公園ですか？漢江公園はどうでしたか？
トゥアン　公園はとても広かったです。
ワン　　そうですか。私も一度行きたいです。

<読んで話そう>　ソウル生活がとても気に入っています。

> To　　jmlee@amail.com
> Subject　こんにちは。ガブリエルです。
>
> ジョンミンさん、こんにちは。
> 　私はソウルで元気に過ごしています。ソウル生活がとても気に入っています。新しい友達にたくさん出会いました。韓国の友達は、皆親切です。韓国語の勉強が楽しいです。でも、少し難しいです。だから、毎日復習しなければなりません。
> 　ジョンミンさんはブラジル生活どうですか？最近もサッカーをしていますか？私は時間がありません。だから、サッカーをすることができません。でも、先月学校でテコンドーを習いました。テコンドーはとても面白かったです。

今学期が1か月後に終わります。学校の休みに新しい家を探さなければなりません。なぜなら、今の家は少し不便です。部屋がとても小さいです。台所もありません。だから、料理することができません。そして、家が学校から遠いです。地下鉄で1時間くらいかかります。
　　ジョンミンさん、韓国にいつ来る予定ですか？ジョンミンさんと韓国語で話したいです。
　　そして、ジョンミンさんと一緒にサッカーもしたいです。
　　メールありがとうございます。
　　健康に気をつけてください。
　　ガブリエルより

<聞いて話そう>　これから不動産屋に行かなければなりません。

バヤール	ガブリエルさん、今日一緒に食事できますか？
ガブリエル	ごめんなさい。これから不動産屋に行かなければなりません。
バヤール	不動産屋ですか？なぜですか？
ガブリエル	今の家は学校から少し遠いです。だから、引っ越したいです。
バヤール	ガブリエルさんの家はどこですか？
ガブリエル	蚕室です。
バヤール	学校から家までどうやって行きますか？
ガブリエル	新村駅から蚕室駅まで地下鉄で行きます。蚕室駅から家まで、またバスに乗らなければなりません。だから、交通がとても不便です。
バヤール	そうですか。それなら、どこに引っ越したいですか？
ガブリエル	ええと。バヤールさんはどこに住んでいますか？
バヤール	私は学校の前に住んでいます。
ガブリエル	そうですか。学校の前はどうですか？
バヤール	とても良いです。食堂とカフェが多いです。そして、スーパーもあります。
ガブリエル	価格はどうですか？
バヤール	少し高いです。でも、学校がとても近いです。だから、朝遅くまで寝られます。本当に楽です。
ガブリエル	そうですか。
バヤール	はい、学校の前の不動産屋にも行ってみてください。良い家を見つけられるはずです。
ガブリエル	ありがとうございます。

第**2**課 軽いノートパソコンはないですか？ ──────

<話そう>

会話1　軽いノートパソコンはないですか？

店員　　いらっしゃいませ。何かお探しですか？
レンピン　ノートパソコンを見せてください。
店員　　ノートパソコンですか？これはどうですか？
レンピン　少し重いです。軽いノートパソコンはないですか？
店員　　では、これはどうですか？
レンピン　いいですね。これをください。

会話2　辛くないですか？

店員　　いらっしゃいませ。おいしいキムチです。
ハルカ　辛くないですか？
店員　　辛くないです。一度食べてみてください。どうぞ。
　　　　　　　　　　　　…
ハルカ　わー！おいしいです。1つください。
店員　　はい、どうぞ。おいしく召し上がってください。
ハルカ　ありがとうございます。

会話3　一度着てみてください。

ワン　　このTシャツ、着てみることができますか？
店員　　はい、着てみてください。とてもきれいなTシャツです。
ワン　　はい。…大きくないですか？
店員　　大きくないです。とてもきれいです。
ワン　　うーん。他の色もありますか？
店員　　はい、こっちに他の色がたくさんあります。一度着てみてください。

<読んで話そう>　南大門市場は大きい市場です。

　　南大門市場

　　南大門市場は大きい市場です。お店がとても多いです。服、メガネ、アクセサリー、花、果物屋があります。韓国旅行のお土産を買うことができます。食堂がとても多いです。
　　だから、おいしい韓国料理も食べることができます。ホットク、カルグクス、マンドゥ（餃子）がおいしいです。辛くないです。一度食べてみてくださ

い。明洞、南山が近いです。だから、明洞と南山も見物することができます。

地下鉄4号線の会賢駅5番出口を出てください。

値段が安いです。そして、種類が多いです。韓国旅行のお土産が多いです。キムチマンドゥ(餃子)を食べてみてください。南山が近いです。明洞に行ってみてください。

弘大通り

弘大通りはとても面白いところです。路上ライブが有名です。歌を聞くことができます。そして、ダンスも観ることができます。安い服を買うことができます。そして、きれいなアクセサリーも買うことができます。カラオケ、カフェ、食堂、ゲームセンターがあります。友達と遊びたいですか？それなら、弘大通りに行かなければなりません（行ってみてください）。

地下鉄2号線の弘大入口駅9番出口を出てください。

路上ライブを観ることができます。安い服屋が多いです。カラオケで歌を歌ってみてください。面白いゲームをすることができます。

<聞いて話そう>　きれいな部屋を探しています。

店員	いらっしゃいませ。
ガブリエル	こんにちは。ワンルーム(を)見せてください。
店員	はい。部屋は多いです（たくさんあります）。どんな部屋を探していますか？
ガブリエル	きれいな部屋を探しています。
店員	ここの写真を一度見てください。この部屋はどうですか？とてもきれいですよ。
ガブリエル	部屋は大きいですか？
店員	はい、大きいです。部屋の中にベッド、机、冷蔵庫、エアコンがあります。そして、洗濯機もあります。
ガブリエル	位置（場所）はどこですか？
店員	西江大の目の前です。
ガブリエル	家賃はいくらですか？
店員	65万ウォンです。でも、家の前に大きな公園があります。とても良いですよ。
ガブリエル	公園があるんですね。でも、少し高いです。安い部屋はないですか？
店員	では、このコシウォンはどうですか？ひと月、45万ウォンです。
ガブリエル	きれいですか？
店員	はい、新しいコシウォンです。だから、部屋がとてもきれいです。でも、少し小さいです。
ガブリエル	部屋にトイレはありますか？
店員	もちろんです。
ガブリエル	ここから西江大学は近いですか？
店員	はい、バスで10分くらいかかります。

ガブリエル　では、歩いてどれくらいかかりますか？
店員　　　　20分くらいかかります。
ガブリエル　20分ですか？うーん。
店員　　　　遠くないですよ。
ガブリエル　うーん、今日両方見られますか？
店員　　　　もちろんです。

 **第3課　一緒にソウルを見物しましょうか
(しませんか)？**

<話そう>

会話1　仁寺洞と北村に行きたいです。

アンディ　スーザンさん、土曜日に何（を）する予定ですか？
スーザン　そうですね。まだよく分かりません。
アンディ　では、一緒にソウルを見物しましょうか（しませんか）？
スーザン　はい、いいですね。私は仁寺洞と北村に行きたいです。
アンディ　仁寺洞ですか？いいですね。一緒に行きましょう。

会話2　一緒に登山しましょうか(しませんか)？

レンピン　サラさん、明日忙しいですか？
サラ　　　なぜですか？
レンピン　一緒に登山しましょうか（しませんか）？サラさんと一緒に登山したいです。
サラ　　　ごめんなさい。明日はアルバイトをします。
レンピン　そうですか。では、今度一緒に行きましょう。

会話3　一緒に昼食食べて散歩しましょう。

ハンス　　バヤールさん、明日、授業後に時間ありますか？
バヤール　はい、あります。
ハンス　　そうですか。では、一緒に昼食（を）食べましょうか（食べませんか）？
バヤール　いいですよ。一緒に昼食（を）食べて散歩しましょう。
ハンス　　では、明日の1時に学校の前で会いましょうか。
バヤール　はい、明日会いましょう。

<読んで話そう>　友達とワールドカップ公園に行きました。

　　昨日（は）、天気がとても良かったです。それで、アンディさんは友達とワールドカップ公園に遊びに行きました。ワールドカップ公園は学校から遠くあり

ませんでした。地下鉄で20分くらいかかりました。公園は広かったです。木も
多くて、花も美しかったです。

　アンディさんは、そこで友達と昼食をおいしく食べました。キンパプとチキ
ンを食べました。それから、公園で散歩をして写真を撮りました。そして、皆で
一緒にゲームをしました。アンディさんが勝ちました。だから、気分が良かった
です。

　ミナさんが言いました。

　「アンディさん、ワールドカップ公園は本当に良いですね。今度また来まし
ょうか（来ませんか）？」

　アンディさんが答えました。

　「はい、いいですよ。今度私たち二人だけで来ましょう。」

<聞いて話そう>　一緒にお祭りに行きましょうか(行きませんか)？

ジフン	ワンさん、金曜日に何(を)する予定ですか？
ワン	そうですね。まだ特別な（特に）計画はありません。ジフンさんは？
ジフン	私は学校のお祭り(学園祭)に行く予定です。
ワン	西江大学のお祭りですか？西江大学のお祭りはどうですか？
ジフン	とても面白いです。様々なイベントがあります。色々なゲームをして、プレゼント(景品)をもらうことができます。
ワン	そうなんですか？
ジフン	それから、フードトラックがたくさん来ます。韓国料理も食べることができるし、世界の色々な国の料理も食べることができます。
ワン	他に何をしますか？
ジフン	有名な歌手が公演しに来ます。
ワン	あ、そうなんですね。チケットを買わなければなりませんか？
ジフン	いいえ、無料です。誰でも公演を観ることができます。
ワン	公演は何時に始まりますか？
ジフン	夜8時に始まります。でも、早くから列に並ばなければなりません。
ワン	私も行ってみたいです。
ジフン	では、私たち一緒に行きましょうか（行きませんか）？一緒にゲームもして、おいしい料理も食べて、公演も観ましょう。
ワン	いいですね。では、何時に会いましょうか？
ジフン	うーん。少し早く会えますか？4時はどうですか？
ワン	はい、では4時に学校の正門の前で会いましょう。

第**4**課 いつ韓国に来られましたか？ ─────────

<話そう>

会話1　辛い食べ物がお好きですか？

ミンス　　スーザンさん、昼食召し上がりましたか？
スーザン　はい、ビビンバ(を)食べました。ミンスさんは？
ミンス　　私はキムチチゲ(を)食べました。
スーザン　ミンスさんは辛い食べ物がお好きですか？
ミンス　　はい、好きです。
スーザン　そうなんですね。私も辛い食べ物が好きです。

会話2　どこが痛いですか(どこか痛みますか)？

ミンス　　スーザンさん、顔色が良くないですね。どこか痛みますか？
スーザン　はい、お腹が痛いです。
ミンス　　もしかして、辛い食べ物を召し上がりましたか？
スーザン　はい、辛い食べ物を食べました。
ミンス　　薬を飲んでください。そして、早く家に帰ってください。
スーザン　はい、分かりました。ありがとうございます。

会話3　どこの国から来られましたか？

サラ　温かいレモン茶(を)注文されましたか？お待たせしました。
客　　ありがとうございます。韓国語がとてもお上手ですね。どこの国から来られま
　　　したか？
サラ　フランスから来ました。
客　　いつ韓国に来られましたか？
サラ　2か月前に来ました。

<読んで話そう>　おばあちゃんは部屋でお休みになっています。

　　　今日は日曜日です。日曜日の朝、私たち家族は大抵家の近くの公園に行きま
す。そこで散歩して、運動もします。でも、今日は天気が良くありません。雨が
降っています。そして、風もたくさん吹いています。だから、今皆家にいます。
　　　おばあちゃんは部屋でお休みになっています。最近、健康(体の調子)が良く
ないです。おじいちゃんは、おばあちゃんの横で本をお読みになっています。私
は部屋で友達と電話しています。仲の良い友達がフランスへ勉強しに行きまし
た。学校の休みにその友達に会いに行く予定です。
　　　お母さんはリビングにいらっしゃいます。ドラマをご覧になっています。お

母さんはドラマがとてもお好きです。お姉ちゃんもリビングにいます。リビングでヨガをしています。

　お父さんは台所にいらっしゃいます。台所でおいしいおやつをお作りになっています。お父さんは料理が得意です。もうすぐ、私たち家族はおいしいおやつを食べることができます。

<聞いて話そう>　先週、なぜ学校にいらっしゃらなかったんですか？

先生　　　お入りください(どうぞ)。
アンディ　こんにちは。先生。
先生　　　こんにちは。アンディさん。先週はなぜ学校にいらっしゃらなかったんですか？
アンディ　具合がとても悪かったです。
先生　　　どこ（の具合）が悪かったんですか？
アンディ　高熱が出ました。そして、喉もとても痛かったです。
先生　　　病院には行かれましたか？
アンディ　はい、家の近くの内科に行って来ました。
先生　　　今は大丈夫ですか？
アンディ　いいえ、まだ喉が少し痛いです。
先生　　　そうですか。温かい水をたくさん飲んでください。そして、ゆっくり休んでください。
アンディ　はい、分かりました。
先生　　　ところでアンディさん、来週、試験をする予定です。
アンディ　試験ですか？どうしましょう。私は勉強していません。
先生　　　心配しないでください。明日、復習する予定です。アンディさん、明日（は）学校に必ず来てください。
アンディ　試験は来週のいつですか？
先生　　　月曜日です。
アンディ　はい、分かりました。先生、さようなら。
先生　　　さようなら、アンディさん。早く良くなってください。

第**5**課　スキーできますか？

<話そう>

会話1　運動をするか音楽を聴きます。

ハルカ　　時間があるとき、何（を）なさいますか？
アンディ　運動をするか音楽を聴きます。
ハルカ　　どんな運動がお好きですか？

アンディ　テコンドーが好きです。
ハルカ　　では、どんな音楽がお好きですか？
アンディ　ヒップホップが好きです。

会話2　難しいけれど面白いです。

レンピン　スーザンさん、今日の午後は忙しいですか？
スーザン　なぜですか？
レンピン　体育館で一緒に卓球しましょうか(しませんか)？
スーザン　ごめんなさい。今日(は)テニスの授業があります。
レンピン　テニスを習っていらっしゃるんですか？どうですか？
スーザン　難しいけれど面白いです。

会話3　テニスできますか？

ハンス　　スーザンさん、最近いかがお過ごしですか？
スーザン　元気に過ごしています。最近テニスを習いに行っています。
ハンス　　そうなんですね。
スーザン　ハンスさんはテニスできますか？
ハンス　　はい、できます。
スーザン　では、今度一緒にテニス(を)しましょう。
ハンス　　はい、いいですよ。

<読んで話そう>　英語がとても得意です。

自己紹介書

キム・ジフン

　私はキム・ジフンです。SG放送局で働きたいです。私は新聞放送学を専攻しました。そのため、学校の休みに放送局でインターンをしました。
　私は高校のときから他の国の文化に高い関心がありました。そのため、大学1年生のときに1年間アメリカで英語を勉強しました。英語のニュースを聞いて理解することができます。そして、私は1年間中国語の塾に通いました。そのため、中国語もできます。
　色々なコンピュータープログラムも上手く使えます。特に編集が得意です。
　SG放送局で良い放送（番組）を作りたいです。よろしくお願いします。

E-mail：jhkim0815@amail.com
キム・ジフン Kim, Jihun

<聞いて話そう>　最近テニスを習っています。

トゥアン　こんにちは、スーザンさん。これからどこに行かれますか？
スーザン　テニスコートに行きます。私は最近テニスを習っています。
トゥアン　あ、そうなんですね。テニスをいつ始められましたか？

スーザン　先月始めました。
トゥアン　どこで習っていらっしゃるんですか？
スーザン　会社の近くのテニスコートです。
トゥアン　そのテニスコートはどうですか？
スーザン　とても良いです。そして、先生も親切です。
トゥアン　週に何回行かなければなりませんか（行かれますか）？
スーザン　週に2回です。
トゥアン　大体テニスコートにいつ行かれますか？
スーザン　朝早く行くか、退勤後に行きます。なぜですか？
トゥアン　私はテニスができません。だから、私もテニスを習いたいです。
スーザン　そうなんですね。では、今度一緒に行きましょう。
トゥアン　はい、そのときに先生を紹介してもらえますか？
スーザン　もちろんです。トゥアンさん、明日はどうですか？
トゥアン　いいですよ。
スーザン　では、明日一緒にテニスコートに行きましょう。
トゥアン　何時に会いましょうか？
スーザン　うーん、明日の夕方6時に新村駅の2番出口で会いましょう。
トゥアン　分かりました。では、また明日。

第6課　これよりもっと長い傘です

<話そう>

会話1　今、宿題（を）しています。

バヤール　もしもし、アンディさん。今どこですか？
アンディ　スタディカフェです。なぜですか？
バヤール　もしかして、ワンさんそこにいますか？
アンディ　はい。今、宿題(を)しています。

会話2　友達に会えませんでした。

ワン　　ハンスさん、昨日友達に会いましたか？
ハンス　いいえ、会えませんでした。
ワン　　なぜ会えなかったんですか？
ハンス　友達が忙しかったです。だから、会えませんでした。

会話3　赤色の傘です。

ガブリエル　こんにちは。もしかして、傘(を)見ませんでしたか？
店員　　　　ちょっと待ってください。何色の傘ですか？

ガブリエル　赤色の傘です。
店員　　　　もしかして、この傘ですか？
ガブリエル　いいえ、これよりもっと長い傘です。

<読んで話そう>　うさぎとかめ

　　　むかしむかし、うさぎとかめが住んでいました。ある日、うさぎが友達に会
いに行っていました（会いに向かっていました）。そのとき、かめがうさぎの前
をゆっくり歩いていました。

　　　うさぎがかめを見ました。そして、「こんにちは。かめさん、どこに行くん
ですか？」と聞いてみました。「おばあちゃんに会いにおばあちゃんの家に行き
ます。」とかめは答えました。うさぎは「かめさんはとても遅いですね。今日
（中に）おばあちゃんの家に到着できますか？」と言いました。そして、大笑い
しました。かめは気分が悪かったです。

　　　かめは「うさぎさん、あそこの山までかけっこしましょうか（しません
か）？私が勝ちます（勝ってみせます）。」とうさぎに言いました。「あはは。
私に勝てるんですか？いいですよ。かけっこしましょう。かめさんは私に勝てま
せんよ。」とうさぎは答えました。

　　　うさぎとかめはかけっこを始めました。うさぎはかめよりとても速かったで
す。速く走って行きました。しかし、かめは遅かったです。ゆっくり歩いて行き
ました。

　　　うさぎが後ろを見ました。下の方からかめがとてもゆっくり来ていました
（向かって来ていました）。うさぎは「あー、面白くない。かめさんは本当に遅
いな。ここでちょっと昼寝でもしよう。」と考えました。そして、うさぎは木の
下で昼寝をしました。しかし、かめは休みませんでした。一生懸命歩きました。

　　　しばらくして、うさぎが目を覚ましました。そして後ろを見ました。かめが
いませんでした。そのとき、「やっほー、うさぎさん！」とかめが大きな声でう
さぎを呼びました。うさぎが山の上を見ました。山の上にかめがいました。

　　　かめがうさぎよりもっと早く山に到着しました。かめが勝ちました。かめは
とても気分が良かったです。

<聞いて話そう>　財布を探しています。

ジフン　　ワンさん、なぜ来ないんですか？皆、ワンさんを待っています。
ワン　　　あの、ごめんなさい。財布をなくしました。それで、財布を探しています。
ジフン　　財布ですか？今どこですか？
ワン　　　新村駅です。
ジフン　　では、地下鉄の駅の中に事務室があります。そこの職員に一度聞いてみてくだ
　　　　　さい。
ワン　　　はい、ありがとうございます。

―――――――――――――――――――――――――――――――――――――

ワン　　　あのう、すみません。財布をなくしました（なくしてしまいました）。
職員　　　どんな財布ですか？
ワン　　　小さい財布です。

59

職員	何色ですか？
ワン	黒色です。財布の中に学生証とカードとお金があります（入っています）。
職員	ちょっと待ってください。もしかして、これですか？
ワン	いいえ、これよりもっと小さいです。
職員	では、ここにはありません。
ワン	あ、そうですか。ありがとうございます。
職員	あのう、遺失物センターに一度電話してみてください。
ワン	遺失物センターですか？そこの電話番号は何番ですか？
職員	02-6110-1122です。午後6時まで電話に出るはずです。市庁駅にセンターがあります。
ワン	ありがとうございます。

第7課 おいしいお店をおすすめしてください (教えてください)

<話そう>

会話1　席を変えてください。

アンディ	すみません、スンドゥブチゲ1つください。
店員	はい。

　　　　　　　　　…

アンディ	あのう、すみませんが、席を変えてください。とても寒いです。
店員	はい、分かりました。
アンディ	ありがとうございます。

会話2　後でおすすめいたしますね(お教えしますね)。

アンディ	ミナさん、あのう…。
ミナ	はい、アンディさん。何ですか？
アンディ	来週、友達が韓国に来ます。おいしいお店をおすすめして(教えて)ください。
ミナ	はい、分かりました。でも、今はちょっと忙しいです。後でおすすめいたしますね（お教えしますね）。
アンディ	ありがとうございます。

会話3　ビビンバ食べてみましたか？

ガブリエル	バヤールさん、ビビンバお食べになりましたか？
バヤール	はい、食べてみました。ガブリエルさんは？
ガブリエル	まだ食べていません。バヤールさんがおいしい食堂を紹介してください(教えてください)。
バヤール	はい、私がお教えします。

ガブリエル　ありがとうございます。

<読んで話そう>　プルコギを作りました。

　　先週末、ワンさんはクラスの友達とミナさんの家に遊びに行きました。ミナさんのお母さんが韓国料理を作ってくださいました。ワンさんは友達と料理をおいしく食べました。特にプルコギがおいしかったです。それで、ワンさんはミナさんのお母さんにお願いしました。
　　「プルコギがすごくおいしいです。どうやって作るんですか？教えてください。」
　　「そうですか？いつでも来てください。お教えします。」
　　数日後、ワンさんはプルコギを習いにミナさんの家に行きました。
　　ワンさんはミナさんのお母さんと一緒にプルコギを作りました。まず、醤油に砂糖、ごま油、にんにくを入れて混ぜました。そして、牛肉にその醤油を入れて30分くらい待ちました。
　　それから、肉を人参、玉ねぎ、ねぎと一緒に炒めました。ワンさんのプルコギは少ししょっぱかったですが、ミナさんのお母さんのプルコギは甘くてとてもおいしかったです。
　　ワンさんはプルコギを上手に作れるようになりました。それで、とても嬉しかったです。
　　ミナさんのお母さんがおっしゃいました。
　　「ワンさん、もしかしてタイ料理(を)作れますか？私に教えてください。」
　　「もちろんです！次は私がタイ料理をお教えします。」

<聞いて話そう>　私がお焼きします。

バヤール　　すみません、テーブル(を)拭いてください。
店員　　　　はい、分かりました。こちらメニューです。何をご注文なさいますか？
バヤール　　ちょっと待ってください。

バヤール　　ガブリエルさん、もしかしてサムギョプサル食べてみましたか？
ガブリエル　いいえ、食べたことないです。おいしいですか？
バヤール　　はい、とてもおいしいです。一度食べてみてください。
ガブリエル　はい。早く注文しましょう。お腹がとてもすきました。

バヤール　　すみません、サムギョプサル2人前ください。
店員　　　　サムギョプサル2人前お待たせしました。私がお焼きします。
バヤール　　わー！ありがとうございます。
ガブリエル　わー！ありがとうございます。

ガブリエル　すみません！おかずをもう少しください。
店員　　　　おかずはセルフです。セルフコーナーはあそこにあります。

ガブリエル　私が持ってきます。

店員　　　お食事は何になさいますか？
バヤール　何がありますか？
店員　　　冷麺とテンジャンチゲがあります。
ガブリエル　うーん、テンジャンチゲは辛くないですか？
店員　　　辛くないです。おいしいです。一度召し上がってみてください。
ガブリエル　では、私はテンジャンチゲにします。
バヤール　私は水冷麺にします。

店員　　　こちらお食事になります。おいしく召し上がってください。
バヤール　あのう、はさみください。
店員　　　私がお切りします。
バヤール　ありがとうございます。

 第8課　スピーキングの授業が面白くて良かったです ──

<話そう>

会話1　宿題しましたよね？

ハンス　ハルカさん、宿題しましたよね？
ハルカ　いいえ、できませんでした。
ハンス　なぜですか？
ハルカ　時間がなくてできませんでした。
ハンス　そうなんですか？私も全部できませんでした。今日一緒にやりましょうか(やりませんか)？
ハルカ　いいですよ。一緒にやりましょう。

会話2　早く起きなければならなくて大変でした。

サラ　　レンピンさん、今学期はどうでしたか？
レンピン　とても良かったです。
サラ　　何が一番良かったですか？
レンピン　スピーキングの授業が面白くて良かったです。
サラ　　私もです。でも、私は早く起きなければならなくて少し大変でした。

会話3　釜山に旅行に行こうと思います。

アンディ　今学期がもう全て終わりました。
バヤール　はい、時間が(経つのは)本当に早いですね。
アンディ　バヤールさんは学校の休みに何をする予定ですか？
バヤール　私は故郷に行って来る予定です。アンディさんは？
アンディ　私は釜山に旅行に行こうと思います。
バヤール　あ、そうですか。アンディさん、それでは、良い休みをお過ごしください。

<読んで話そう>　もう韓国語で話せます。

　　　こんにちは。今日は私の学校生活をご紹介します。私は昨年、アメリカで韓国語の勉強を始めましたが、とても難しくてうまくできませんでした。それで、3か月前に韓国語を学びに韓国に来ました。最初は友達と英語で話しました。でも、もう韓国語で話せます。
　　　ここを見てください。赤色の建物がありますよね？ここで韓国語を学びます。この建物の中に教室、事務室、休憩室、スタディカフェがあります。私たちのクラスの教室は8階にあります。ここが教室です。9時から1時までここで勉強します。
　　　クラスの友達です。この方はハンスさんです。ハンスさんはとても勤勉です。午前は韓国語を習い、午後は会社に行きます。休日は登山や水泳（を）します。この方はサラさんです。サラさんは韓国映画がとても好きです。韓国の映画俳優の名前をほとんど全て知っています。ハルカさんは私たちのクラスで韓国語が一番上手です。本当に賢くて親切です。
　　　授業後、学生食堂に行きます。メニューが毎日違い、価格が安いのでここによく行きます。昼食後は運動(を)します。たまに、ガブリエルさんやレンピンさんとサッカーをしたり、スーザンさんとテニスをします。
　　　試験前は、クラスの友達と一緒にスタディカフェに行きます。ここで一緒に勉強します。
　　　今学期が来週終わります。学校の休みに韓国の友達と釜山に旅行に行く予定です。釜山であちこち見物し、おいしい物も食べようと思います。韓国生活は忙しいけれど、本当に楽しいです。今度は、釜山旅行も紹介します。

<聞いて話そう>　月曜日に空港で会いましょう。

ジェニー　もしもし。
ジフン　　ジェニーさん、ジフンです。
ジェニー　こんにちは。ジフンさん。電話待っていました。
ジフン　　ジェニーさん、来週出発ですよね？
ジェニー　はい、来週月曜日の朝9時に出発します。
ジフン　　韓国時間の9時ですか？
ジェニー　いいえ、シドニー時間の9時に出発します。そして、韓国時間の夕方6時に到着する予定です。
ジフン　　そうなんですね。では、ジェニーさん、月曜日に空港で会いましょう。(空港に)行きます。

ジェニー　本当ですか？ありがとうございます。そうだ！ジフンさん、最近韓国の天気はどうですか？寒いですか？

ジフン　　はい、最近とても寒いです。だから、厚手の服を必ず持ってきてください。

ジェニー　はい、分かりました。ジフンさんは何か必要な物はないですか？

ジフン　　ええと。あ、英語の本を買ってきてくれますか？

ジェニー　英語の本ですか？

ジフン　　はい、読みたい英語の本があるんです。後で本のタイトルをメールで送ります。

ジェニー　はい、分かりました。他に必要な物はありませんか？

ジフン　　ありません。ところで、準備は終わりましたか？

ジェニー　ほとんど終わりました。でも、韓国語が苦手なので心配です。

ジフン　　心配しないでください。ジェニーさんなら、すぐ上手くなりますよ。

ジェニー　ありがとうございます、ジフンさん。

ジフン　　では、ジェニーさん、空港で会いましょう。

ジェニー　はい、ジフンさん。さようなら。

単語と表現索引
(カナダラ順)

● 名詞　　■ 動詞　　▲ 形容詞　　◆ その他　　□ 表現

2인분	◆	2人前	1B 7과	듣고 말하기
A/S센터	□	アフターサービスセンター (サポートセンター)	1B 7과	말하기

ㄱ

가격	●	価格、値段	1B 1과	듣고 말하기
가끔	◆	たまに	1B 8과	읽고 말하기
가방을 들다	◆	かばんを持つ	1B 7과	말하기
가볍다-가벼워요-가벼운 가방	▲	軽い-軽いです-軽いかばん	1B 2과	말하기
가지고 오다	◆	持って来る	1B 7과	말하기
간식	●	おやつ	1B 4과	읽고 말하기
간장	●	醤油	1B 7과	읽고 말하기
감기에 걸리다	◆	風邪をひく	1B 4, 8과	말하기
갔다 오다	◆	行って来る	1B 4과	듣고 말하기
강아지	●	子犬		말하기
같다-같아요-같은 옷	▲	同じだ-同じです-同じ服	1B 2과	말하기
거기	●	そこ	1B 4과	읽고 말하기
거리	●	通り	1B 2과	읽고 말하기
거북	●	かめ	1B 6과	읽고 말하기
거실	●	居間、リビング	1B 4과	읽고 말하기
거의 다 알아요.	□	ほとんど全て知っています。	1B 8과	읽고 말하기
거의 다 했어요.	□	ほとんど終わりました。	1B 8과	듣고 말하기
걱정되다	■	心配する	1B 8과	듣고 말하기
걱정하다	■	心配する	1B 4과	듣고 말하기
건강	●	健康	1B 4과	읽고 말하기
건강 조심하세요.	□	健康に気をつけてください。	1B 1과	읽고 말하기
건물	●	建物	1B 8과	읽고 말하기
걸어가다	■	歩いて行く	1B 6과	읽고 말하기

게임 센터	◆	ゲームセンター	1B 2과	읽고 말하기
게임하다	◆	ゲーム(を)する	1B 3과	말하기
경치가 좋다	◆	景色が良い	1B 1과	말하기
계산하다	■	計算する	1B 7과	말하기
계세요-계셨어요	■	いらっしゃいます-いらっしゃいました	1B 4과	말하기
고등학교	●	高校	1B 5과	읽고 말하기
고시원	●	コシウォン(台所のないワンルーム)	1B 2과	듣고 말하기
고장났어요.	□	故障しました。壊れました。	1B 7과	말하기
골프를 치다	◆	ゴルフをする	1B 5과	말하기
공연	●	公演	1B 8과	말하기
공연을 보다	◆	公演を観る	1B 3과	말하기
공연하다	■	公演する	1B 3과	듣고 말하기
공포 영화	●	ホラー映画	1B 5과	말하기
과자	●	お菓子	1B 2과	말하기
관심이 많다	◆	関心が高い	1B 5과	읽고 말하기
괜찮다	▲	大丈夫だ	1B 4과	듣고 말하기
교통이 불편해요.	□	交通が不便です。	1B 1과	듣고 말하기
구두	●	靴（革靴などフォーマルシーンで履く靴）	1B 2과	말하기
굽다	■	焼く	1B 7과	듣고 말하기
귀	●	耳	1B 4과	말하기
귀걸이	●	耳飾り（イヤリング、ピアス）	1B 3과	말하기
귤	●	みかん	1B 2과	말하기
그때	◆	そのとき	1B 6과	읽고 말하기
그러니까	◆	だから	1B 8과	듣고 말하기
그러세요?	□	そうですか。	1B 4과	말하기
그럼요.	□	もちろんです。	1B 2과	듣고 말하기
그림을 그리다	◆	絵を描く	1B 6과	말하기

글쎄요.	□	ええと。	1B 1과	듣고 말하기
금방	◆	すぐ	1B 8과	듣고 말하기
기분이 나쁘다	◆	気分が悪い	1B 6과	읽고 말하기
기쁘다	▲	嬉しい	1B 7과	읽고 말하기
기타를 치다	◆	ギターを弾く	1B 5과	말하기
길다-길어요-긴 바지	▲	長い-長いです-長いズボン	1B 2과	말하기
김	●	海苔	1B 2과	말하기
김밥	●	キンパプ	1B 7과	말하기
김치	●	キムチ	1B 2과	말하기
김치볶음밥	●	キムチチャーハン	1B 7과	말하기
까만색	●	黒色	1B 6과	말하기
깨끗하다	▲	きれいだ	1B 2과	듣고 말하기
꽃	●	花	1B 2과	읽고 말하기
끄다	■	(火や電源などを)消す、切る	1B 7과	말하기

ㄴ				

나무	●	木	1B 3과	읽고 말하기
낚시하다	■	釣りする	1B 7과	말하기
날씨	●	天気	1B 2과	말하기
날씨가 좋다	◆	天気が良い	1B 4과	읽고 말하기
남색	●	藍色	1B 6과	말하기
낮다-낮아요	▲	低い-低いです	1B 1과	말하기
내과	●	内科	1B 4과	듣고 말하기
내일 학교에 꼭 오세요.	□	明日(は)学校に必ず来てください。	1B 4과	듣고 말하기
냉장고	●	冷蔵庫	1B 2과	듣고 말하기
너무	◆	とても	1B 1과	말하기
너무 피곤하다	◆	とても疲れる	1B 8과	말하기
넓다	▲	広い	1B 1과	말하기

넣다	■	入れる	1B 7과	읽고 말하기
노란색	●	黄色	1B 6과	말하기
노래방	●	カラオケ	1B 2과	읽고 말하기
노래방에 가다	◆	カラオケに行く	1B 3과	말하기
농구하다	■	バスケットボールする	1B 5과	말하기
높다-높아요	▲	(高さが)高い-高いです	1B 1과	말하기
누구든지	◆	誰でも	1B 3과	듣고 말하기
누르다	■	押す	1B 7과	말하기
눈	●	目	1B 4과	말하기
뉴스를 보다	◆	ニュースを見る	1B 4과	말하기
느리다-느려요-느린 버스	▲	遅い-遅いです-遅いバス	1B 2과	말하기
늦게까지	◆	遅くまで	1B 1과	듣고 말하기

ㄷ

다 같이	◆	皆一緒に	1B 3과	읽고 말하기
다 먹을 수 없다	◆	全て食べられない(食べきれない)	1B 7과	말하기
다르다-달라요-다른 옷	▲	違う-違います-違う服	1B 2과	말하기
다른 약속이 있다	◆	他の約束がある	1B 1과	말하기
다른 일이 있다	◆	他の仕事(用事)がある	1B 8과	말하기
다리	●	脚	1B 4과	말하기
다시	◆	また、もう一度	1B 3과	읽고 말하기
다양하다	▲	多様だ、様々だ	1B 3과	듣고 말하기
단어	●	単語	1B 6과	말하기
달다	▲	甘い	1B 2과	말하기
달리기하다	■	かけっこする	1B 6과	읽고 말하기
당근	●	人参	1B 7과	읽고 말하기
대답하다	■	答える	1B 3과	읽고 말하기
덥다-더워요	▲	暑い-暑いです	1B 1과	말하기
돈을 찾다	◆	お金を引き出す	1B 1과	말하기

돕다	■	助ける、手伝う	1B 7과	말하기
두껍다	▲	厚い	1B 8과	읽고 말하기
둘 다	◆	両方、どちらも	1B 2과	듣고 말하기
둘이서만	◆	二人だけで	1B 3과	읽고 말하기
드라이기	●	ドライヤー	1B 2과	말하기
드림	◆	～より	1B 1과	읽고 말하기
드세요-드셨어요	■	召し上がります-召し上がりました	1B 4과	말하기
들어가다	■	入る	1B 1과	말하기
들어오세요.	□	お入りください(どうぞ)。	1B 4과	듣고 말하기
등산하다	◆	登山(を)する	1B 3과	말하기
따뜻하다	▲	温かい、暖かい	1B 4과	말하기
떡볶이	●	トッポッキ	1B 3, 7과	말하기
또	◆	また、他に	1B 1과	듣고 말하기
똑똑하다	▲	賢い	1B 8과	읽고 말하기
뛰어가다	■	走って行く	1B 6과	읽고 말하기

ㄹ

라면	●	ラーメン	1B 7과	말하기
라틴 댄스	●	ラテンダンス	1B 5과	말하기

ㅁ

마늘	●	にんにく	1B 7과	읽고 말하기
마음에 들다	◆	気に入る	1B 1과	읽고 말하기
막걸리	●	マッコリ	1B 2과	말하기
만들어 주셨습니다.	□	作ってくださいました。	1B 7과	읽고 말하기
많다-많아요	▲	多い-多いです	1B 1과	말하기
말씀하세요-말씀하셨어요	■	おっしゃいます-おっしゃいました	1B 4과	말하기

70

말씀하셨습니다.	□	おっしゃいました。	1B 7과	읽고 말하기
맛없다-맛없어요	▲	まずい-まずいです	1B 1과	말하기
맛있게 드세요.	□	おいしく召し上がってください。	1B 2과	말하기
맛있다-맛있어요	▲	おいしい-おいしいです	1B 1과	말하기
맛집	●	おいしいお店	1B 7과	말하기
맵다	▲	辛い	1B 2과	말하기
머리	●	髪、頭	1B 2, 4과	말하기
머리가 아프다	◆	頭が痛い	1B 8과	말하기
먼저	◆	まず、先に	1B 7과	읽고 말하기
멋있다	▲	かっこいい	1B 2과	말하기
메뉴판	●	メニュー	1B 7과	듣고 말하기
메시지로 보낼게요.	□	メールで送ります。	1B 8과	듣고 말하기
며칠 후	◆	数日後	1B 7과	읽고 말하기
몇 잔	◆	何杯	1B 4과	말하기
모두	◆	皆、全て	1B 1과	읽고 말하기
목	●	首、喉	1B 4과	말하기
목도리	●	マフラー	1B 6과	말하기
무겁다-무거워요-무거운 가방	▲	重い-重いです-重いかばん	1B 2과	말하기
무료	●	無料	1B 3과	듣고 말하기
무릎	●	膝	1B 4과	말하기
무슨 색 우산이에요?	□	何色の傘ですか？	1B 6과	말하기
무슨 색이에요?	□	何色ですか？	1B 6과	말하기
문화	●	文化	1B 1과	말하기
물어보다	■	聞いてみる	1B 6과	읽고 말하기
뭐 주문하시겠어요?	□	何(を)ご注文なさいますか？	1B 7과	듣고 말하기
뭐 찾으세요?	□	何かお探しですか？	1B 2과	말하기
미술관에 가다	◆	美術館に行く	1B 3과	말하기

71

바람이 불다	◆	風が吹く	1B 4과	읽고 말하기
바람이 시원하다	◆	風が涼しい	1B 1과	말하기
바로	◆	すぐ	1B 2과	듣고 말하기
바쁘다	▲	忙しい	1B 8과	말하기
바지	●	ズボン	1B 2과	말하기
반지	●	指輪	1B 3과	말하기
반찬	●	おかず	1B 7과	듣고 말하기
반찬은 셀프예요.	□	おかずはセルフです。	1B 7과	듣고 말하기
발	●	足	1B 4과	말하기
발음을 잘하다	◆	発音が上手い	1B 1과	말하기
방송	●	放送	1B 5과	읽고 말하기
방송국	●	放送局	1B 5과	읽고 말하기
방학 잘 보내세요.	□	良い休みをお過ごしください。	1B 8과	말하기
배	●	お腹	1B 4과	말하기
배가 고프다	◆	お腹が空く	1B 7과	듣고 말하기
배드민턴을 치다	◆	バドミントンをする	1B 5과	말하기
배우러 다니다	◆	習いに行く	1B 5과	말하기
버스킹	●	路上ライブ	1B 2과	읽고 말하기
번역하다	■	翻訳する	1B 6과	말하기
번지 점프를 하다	◆	バンジージャンプをする	1B 7과	말하기
벌써 다 끝났어요.	□	もう全て終わりました。	1B 8과	말하기
보라색	●	紫色	1B 6과	말하기
복습하다	■	復習する	1B 1과	읽고 말하기
볶다	■	炒める	1B 7과	읽고 말하기
부동산	●	不動産、不動産屋	1B 1과	듣고 말하기
부르다	■	呼ぶ	1B 6과	읽고 말하기
부엌	●	台所、キッチン	1B 1과	읽고 말하기
부지런하다	▲	勤勉だ	1B 8과	읽고 말하기

부츠	●	ブーツ	1B 2과	말하기
부탁하다	■	頼む、お願いする	1B 7과	읽고 말하기
불고기	●	プルコギ	1B 7과	읽고 말하기
불편하다	▲	不便だ	1B 1과	읽고 말하기
비가 오다	◆	雨が降る	1B 4과	읽고 말하기
비빔국수	●	ビビングクス(混ぜ素麺)	1B 7과	말하기
비빔밥	●	ビビンバ	1B 7과	말하기
비싸다-비싸요	▲	(価格が)高い-高いです	1B 1과	말하기
비행기표	●	飛行機のチケット	1B 1과	말하기
빠르다-빨라요-빠른 버스	▲	速い-速いです-速いバス	1B 2과	말하기
빨간색	●	赤色	1B 6과	말하기
빨리	◆	速く	1B 6과	읽고 말하기
빨리 나으세요.	□	早く良くなってください。	1B 4과	듣고 말하기

ㅅ

사다 주다	◆	買ってくれる(あげる)	1B 8과	듣고 말하기
사무실	●	事務室	1B 6과	듣고 말하기
사용하다	■	使用する、使う	1B 5과	읽고 말하기
사진을 찍다	◆	写真を撮る	1B 3과	말하기
산책하다	◆	散歩(を)する	1B 3과	말하기
삼겹살	●	サムギョプサル	1B 7과	듣고 말하기
새 집	◆	新しい家	1B 1과	읽고 말하기
색깔	●	色	1B 2과	말하기
생각하다	■	考える	1B 6과	읽고 말하기
생활	●	生活	1B 1과	읽고 말하기
서류를 만들다	◆	書類を作る	1B 1과	말하기
서울을 안내하다	◆	ソウルを案内する	1B 1과	말하기
섞다	■	混ぜる	1B 7과	읽고 말하기
선물	●	プレゼント、お土産	1B 2과	읽고 말하기

선물을 받다	◆	プレゼントをもらう	1B 3과	듣고 말하기
선풍기	●	扇風機	1B 2과	말하기
설탕	●	砂糖	1B 7과	읽고 말하기
세계 여러 나라 음식	◆	世界の色々な国の料理	1B 3과	듣고 말하기
세탁기	●	洗濯機	1B 2과	듣고 말하기
셀프 코너	◆	セルフコーナー	1B 7과	듣고 말하기
소개하다	■	紹介する	1B 7과	말하기
소개해 주다	◆	紹介してくれる、紹介してあげる	1B 5과	듣고 말하기
소고기	●	牛肉	1B 7과	읽고 말하기
소리	●	声、音	1B 6과	읽고 말하기
손	●	手	1B 4과	말하기
손을 씻다	◆	手を洗う	1B 6과	말하기
손이 아프다	◆	手が痛い	1B 5과	말하기
수업료가 비싸다	◆	授業料が高い	1B 5과	말하기
수영하다	■	泳ぐ	1B 5과	말하기
숙제가 많다	◆	宿題が多い	1B 8과	말하기
순두부찌개	●	スンドゥブチゲ	1B 7과	말하기
쉽다-쉬워요-쉬운 시험	▲	簡単だ-簡単です-簡単な試験	1B 2과	말하기
스노보드를 타다	◆	スノーボードをする	1B 5과	말하기
스카프	●	スカーフ	1B 2과	말하기
스케이트를 타다	◆	スケートをする	1B 5과	말하기
스키를 타다	◆	スキーをする	1B 5과	말하기
시간이 빠르다	◆	時間が(経つのが)早い	1B 8과	말하기
시간이 없다	◆	時間がない	1B 8과	말하기
시간이 있을 때 뭐 하세요?	□	時間があるとき、何(を)されますか？	1B 5과	말하기
시끄럽다-시끄러워요-시끄러운 교실	▲	うるさい-うるさいです-うるさい教室	1B 2과	말하기
시다	▲	酸っぱい	1B 2과	말하기
시장	●	市場	1B 2과	읽고 말하기

74

시청 역	◆	市庁駅	1B 6과	듣고 말하기
시키다	■	注文する	1B 7과	듣고 말하기
시험 공부하다	◆	試験勉強(を)する	1B 8과	말하기
시험을 보다	◆	試験をする、試験を受ける	1B 4과	듣고 말하기
시험이 있다	◆	試験がある	1B 8과	말하기
식사가 나오다	◆	食事が出てくる	1B 7과	듣고 말하기
식사는 뭘로 하시겠어요?	□	お食事は何になさいますか？	1B 7과	듣고 말하기
신다	■	履く	1B 2과	말하기
신문	●	新聞	1B 4과	말하기
신문방송학	●	新聞放送学	1B 5과	읽고 말하기
신촌 역 2번 출구	◆	新村駅2番出口	1B 5과	듣고 말하기
싸다–싸요	▲	安い–安いです	1B 1과	말하기
쓰다	■	(帽子などを)かぶる、書く、使う	1B 2과	말하기

ㅇ

아름다운 곳	◆	美しいところ	1B 2과	말하기
아직 잘 모르겠어요.	□	まだよく分かりません。	1B 3과	말하기
아직 특별한 계획은 없어요.	□	まだ特別な(特に)計画はありません。	1B 3과	듣고 말하기
아프다	▲	痛い、具合が悪い	1B 4과	말하기
안내하다	■	案内する	1B 7과	말하기
알겠어요.	□	分かりました。	1B 1과	말하기
알다	■	分かる、知る	1B 1과	말하기
알레르기가 있다	◆	アレルギーがある	1B 4과	말하기
알리다	■	知らせる	1B 7과	말하기
애니메이션	●	アニメ	1B 5과	말하기
액세서리	●	アクセサリー	1B 2과	읽고 말하기
액션 영화	●	アクション映画	1B 5과	말하기
야구하다	■	野球する	1B 5과	말하기

야호!	□	やっほー	1B 6과	읽고 말하기
약을 먹다	◆	薬を飲む	1B 1과	말하기
얇다	▲	薄い	1B 6과	말하기
양파	●	玉ねぎ	1B 7과	읽고 말하기
어깨	●	肩	1B 4과	말하기
어느 날	◆	ある日	1B 6과	읽고 말하기
어둡다	▲	暗い	1B 7과	말하기
어떻게 해요?	□	どうしましょう。	1B 4과	듣고 말하기
어렵다-어려워요-어려운 시험	▲	難しい-難しいです-難しい試験	1B 2과	말하기
어서 오세요.	□	いらっしゃいませ。	1B 2과	말하기
언니	●	(女性から見て)お姉ちゃん、お姉さん	1B 4과	읽고 말하기
언제든지	◆	いつでも	1B 7과	읽고 말하기
얼굴이 안 좋으세요.	□	顔色が良くないです。	1B 4과	말하기
얼마 후	◆	しばらくして	1B 6과	읽고 말하기
에어컨	●	エアコン	1B 2과	듣고 말하기
여기요.	□	どうぞ。	1B 2과	말하기
여기저기	●	あちこち	1B 8과	말하기
여러 가지	◆	色々(な)	1B 3과	듣고 말하기
역사	●	歴史	1B 1과	말하기
연습하다	■	練習する	1B 1과	말하기
열심히	◆	一生懸命	1B 6과	읽고 말하기
열이 나다	◆	熱が出る	1B 4과	말하기
영화를 보다	◆	映画を観る	1B 3과	말하기
예매	■	予約	1B 7과	말하기
예쁘다	▲	きれいだ	1B 2과	말하기
옛날옛날에	◆	むかしむかし	1B 6과	읽고 말하기
오이를 빼다	◆	キュウリを抜く	1B 7과	말하기
옷 가게	◆	服屋	1B 2과	말하기
외국	●	外国	1B 7과	말하기

외우다	■	覚える	1B 6과	말하기
요가(를) 하다	◆	ヨガ(を)する	1B 4과	읽고 말하기
요즘 어떻게 지내세요?	□	最近いかがお過ごしですか？	1B 5과	말하기
운동하다	◆	運動(を)する	1B 3과	말하기
운동화	●	運動靴	1B 2과	말하기
웃다	■	笑う	1B 6과	읽고 말하기
원룸	●	ワンルーム	1B 2과	듣고 말하기
월세	●	家賃	1B 2과	듣고 말하기
위치	●	位置	1B 2과	듣고 말하기
유명하다	▲	有名だ	1B 2과	읽고 말하기
유실물 센터	◆	遺失物センター	1B 6과	듣고 말하기
이 우산	◆	この傘	1B 6과	말하기
이 티셔츠	◆	このTシャツ	1B 2과	말하기
이거	◆	これ	1B 6과	말하기
이기다	■	勝つ	1B 3과	읽고 말하기
이따가	◆	後で	1B 7과	말하기
이를 닦다	◆	歯を磨く	1B 6과	말하기
이벤트	●	イベント	1B 3과	듣고 말하기
이해하다	■	理解する	1B 5과	읽고 말하기
인터뷰 준비하다	◆	面接(の)準備(を)する	1B 8과	말하기
인턴을 하다	◆	インターンをする	1B 5과	읽고 말하기
일이 생기다	◆	仕事(用事)ができる	1B 6, 8과	말하기
일주일 동안	◆	一週間	1B 1과	말하기
일주일에 몇 번	◆	週に何回	1B 5과	듣고 말하기
일찍부터	◆	早くから	1B 3과	듣고 말하기
잃어버리다	■	なくす、失う	1B 6과	듣고 말하기
입	●	口	1B 4과	말하기
입다	■	着る	1B 2과	말하기

자기소개서	●	自己紹介書	1B 5과	읽고 말하기
자르다	■	切る	1B 7과	듣고 말하기
자리를 바꾸다	◆	席を変える	1B 7과	말하기
자전거를 타다	◆	自転車に乗る	1B 5과	말하기
작다-작아요	▲	小さい-小さいです	1B 1과	말하기
잔치국수	●	チャンチグクス(にゅうめん)	1B 7과	말하기
잘 지내요.	□	よく(元気に)過ごしています。	1B 1과	읽고 말하기
잘 부탁드립니다.	□	よろしくお願いします。	1B 5과	읽고 말하기
잘하다	■	上手だ	1B 4과	말하기
잠깐	◆	(時間的に）ちょっと、少し	1B 1과	말하기
잠깐만 기다려 주세요.	□	ちょっと待ってください。	1B 7과	듣고 말하기
잠깐만요.	□	ちょっと待ってください。	1B 6과	말하기
재미있다	▲	面白い、楽しい	1B 1과	읽고 말하기
재즈	●	ジャズ	1B 5과	말하기
저기 죄송한데요.	□	あのう、すみません(が）。	1B 6과	듣고 말하기
저기요.	□	すみません。	1B 7과	듣고 말하기
저도 다 못 했어요.	□	私も全部できませんでした。	1B 8과	말하기
저도요.	□	私もです。	1B 8과	말하기
적다-적어요	▲	少ない-少ないです	1B 1과	말하기
전공하다	■	専攻する	1B 5과	읽고 말하기
전화를 받다	◆	電話に出る	1B 6과	듣고 말하기
정말	◆	本当	1B 8과	읽고 말하기
정문	●	正門	1B 3과	듣고 말하기
제가 가지고 올게요.	□	私が持ってきます。	1B 7과	듣고 말하기
제목	●	題目、タイトル	1B 8과	듣고 말하기
제일	◆	一番	1B 8과	말하기
조금 후	◆	少しあと、もうすぐ	1B 4과	읽고 말하기

조용하다-조용해요-조용한 교실	▲	静かだ-静かです-静かな教室	1B 2과	말하기
졸업식	●	卒業式	1B 8과	말하기
좋은 집	◆	良い家	1B 1과	듣고 말하기
주무세요-주무셨어요	■	お休みになります-お休みになりました	1B 4과	말하기
주문하다	■	注文する	1B 4과	말하기
주황색	●	オレンジ色	1B 6과	말하기
준비 다 했어요?	□	準備は終わりましたか？	1B 8과	듣고 말하기
줄을 서다	◆	列に並ぶ	1B 3과	듣고 말하기
즐겁다	▲	楽しい	1B 8과	읽고 말하기
지저분하다	▲	汚い、散らかっている	1B 7과	말하기
진짜	◆	本当に	1B 1과	듣고 말하기
집을 찾다	◆	家を探す	1B 1과	읽고 말하기
짜다	▲	しょっぱい	1B 2과	말하기
짧다-짧아요-짧은 바지	▲	短い-短いです-短いスボン	1B 2과	말하기
찜질방	●	チムジルバン	1B 7과	말하기

ㅊ

참	◆	とても、本当に、実に	1B 4과	말하기
참기름	●	ごま油	1B 7과	읽고 말하기
찾아보다	■	探す、調べる	1B 6과	말하기
처음	●	最初、初め	1B 8과	읽고 말하기
천천히	◆	ゆっくり	1B 6과	읽고 말하기
초록색	●	緑色	1B 6과	말하기
추천하다	■	推薦する、おすすめする	1B 7과	말하기
축구하다	■	サッカーする	1B 5과	말하기
축제	●	祭り	1B 3과	듣고 말하기
출발하다	■	出発する	1B 8과	듣고 말하기
출장을 가다	◆	出張に行く	1B 1과	말하기

춥다-추워요	▲	寒い-寒いです	1B 1과	말하기
치마	●	スカート	1B 2과	말하기
치킨	●	チキン	1B 3과	말하기
친절하다	▲	親切だ	1B 1과	읽고 말하기
친한 친구	◆	仲の良い（親しい）友達	1B 4과	읽고 말하기
침대	●	ベッド	1B 2과	듣고 말하기

커피 한잔하다	◆	コーヒー(を)一杯する (軽くお茶するときの表現)	1B 3과	말하기
케이팝	●	K-POP	1B 5과	말하기
켜다	■	(火や電源などを)つける	1B 7과	말하기
코	●	鼻	1B 4과	말하기
코미디 영화	●	コメディ映画	1B 5과	말하기
코트	●	コート	1B 6과	말하기
콘서트에 가다	◆	コンサートに行く	1B 3과	말하기
쿠키를 만들다	◆	クッキーを作る	1B 3과	말하기
크게	◆	大きく	1B 6과	읽고 말하기
크다-커요	▲	大きい-大きいです	1B 1과	말하기
클래식	●	クラシック	1B 5과	말하기

ㅌ

탁구를 치다	◆	卓球をする	1B 5과	말하기
테니스를 치다	◆	テニスをする	1B 5과	말하기
테이블을 닦다	◆	テーブルを拭く	1B 7과	말하기
토끼	●	うさぎ	1B 6과	읽고 말하기
퇴근 후	◆	退勤後	1B 5과	듣고 말하기
특히	◆	特に	1B 5과	읽고 말하기

파	●	ねぎ	1B 7과	읽고 말하기
파란색	●	青色	1B 6과	말하기
팔	●	腕	1B 4과	말하기
편집	●	編集	1B 5과	읽고 말하기
편하다	▲	楽だ	1B 1과	읽고 말하기
포장하다	■	包む	1B 7과	말하기
표를 사다	◆	チケットを買う	1B 3과	듣고 말하기
푸드 트럭	●	フードトラック	1B 1과	말하기
푹 쉬세요.	□	ゆっくり休んでください。	1B 4과	듣고 말하기
프로그램	●	プログラム	1B 5과	읽고 말하기
프로젝트가 있다	◆	プロジェクトがある	1B 1과	말하기
플루트를 불다	◆	フルートを吹く	1B 5과	말하기
피아노를 치다	◆	ピアノを弾く	1B 5과	말하기
필요하다	▲	必要だ	1B 8과	듣고 말하기

하모니카를 불다	◆	ハーモニカを吹く	1B 5과	말하기
하얀색	●	白色	1B 6과	말하기
학기	●	学期	1B 1과	읽고 말하기
학년	●	学年	1B 5과	읽고 말하기
학생증	●	学生証	1B 6과	듣고 말하기
학원에 다니다	◆	塾に通う	1B 5과	읽고 말하기
한 달에 45만원이에요.	□	ひと月、45万ウォンです。	1B 2과	듣고 말하기
한국말	●	韓国語	1B 4과	말하기
한번 드셔 보세요.	□	一度召し上がってみてください。	1B 7과	듣고 말하기
한번 물어보세요.	□	一度聞いてみてください。	1B 6과	듣고 말하기
한복	●	韓服(ハンボク)	1B 4과	말하기